DAVE ROBINSON &
JUDY GROVES

FILOSOFIA

UM GUIA GRÁFICO DA HISTÓRIA DO PENSAMENTO

Entendendo é uma premiada coleção de livros ilustrados sobre os pensadores e os temas mais importantes da história. Aborda teorias fundamentais de diversos campos de estudo, como filosofia, psicologia, ciências, política, religião, estudos culturais e linguística. Cada livro é escrito por um reconhecido especialista do assunto e ilustrado por um artista gráfico. De forma agradável, a coleção oferece informações úteis e objetivas para leitores que tanto buscam um primeiro contato, como desejam adquirir um conhecimento conciso sobre o assunto.

TRADUÇÃO: MARLY N. PERES

LeYa

Título original: Introducing Philosophy

Diretor editorial: Pascoal Soto
Editor: Pedro Almeida
Editor assistente: André Fonseca
Preparação: Joaci Pereira Furtado
Revisão: Rinaldo Milesi
Capa e diagramação: Osmane Garcia Filho

Dados Internacionais de Catalogação na Publicação (CIP)
(Câmara Brasileira do Livro, SP, Brasil)

Robinson, Dave
Entendendo filosofia : um guia gráfico da história do pensamento / Dave Robinson, Judy Groves ; tradução Marly N. Peres. — São Paulo : Leya, 2012.

Título original: Introducing philosophy.
ISBN 978-85-8178-018-4

1. Filosofia 2. Filosofia - Introdução I. Groves, Judy.
II. Título.

12-06497 CDD-101

Índices para catálogo sistemático:
1. Filosofia : Introdução 101
2. Introdução à filosofia 101

[Uma editora do Grupo Leya]
Rua Desembargador Paulo Passaláqua, 86
01248-010 – São Paulo – sp – Brasil
www.leya.com.br
Twitter: @EditoraLeya

Questões

Em geral, a maioria das pessoas sempre está ocupada demais para se debruçar sobre pensamentos classificados como "filosóficos". Isso acontece porque elas são obrigadas a consumir o tempo na luta diária da vida, ou então porque preferem viver sua aprazível e tranquila rotina. Mas, em algumas raras ocasiões, uns poucos indivíduos incômodos e irritantes – que além de tudo têm tempo de sobra para gastar – se põem a fazer umas tantas perguntas que parecem superóbvias, mas cujas respostas não são nem um pouco...

QUAL É A NATUREZA DA REALIDADE? O QUE VEM A SER EFETIVAMENTE A EXISTÊNCIA HUMANA, O QUE SÃO OS SERES HUMANOS?

O QUE EXISTE DE ESPECIAL E DE ESPECÍFICO NA MENTE HUMANA E NA CONSCIÊNCIA?

PODEMOS TER CERTEZA EFETIVA A RESPEITO DE ALGUMA COISA?

EXISTEM DIFERENÇAS EVIDENTES ENTRE ARGUMENTOS VÁLIDOS E ARGUMENTOS FALSOS, INADEQUADOS?

O QUE É A VERDADE? O QUE É SIGNIFICADO?

COMO DEVEMOS NOS COMPORTAR UNS COM OS OUTROS E COMO DEVEMOS ORGANIZAR A SOCIEDADE? OS GOVERNOS SÃO UMA BOA IDEIA?

O que é filosofia?

Talvez, as questões filosóficas não pareçam ter muito a ver com a vida cotidiana. Mas os filósofos continuam a procurar respostas convincentes. Algumas vezes eles conseguem, outras não.

Alguns filósofos acreditam que a filosofia deve evoluir, ir além da simples argumentação e debate, outros pensam que ela só existe quando acontece o chamado raciocínio dedutivo.

Mas todos eles acreditam que os filósofos são obrigados a dar algum tipo de explicação, prova, demonstração ou evidência de suas ideias. E essa obrigação é a principal diferença entre filosofia e religião.

Teocracias

Os egípcios da Antiguidade eram bons em matemática e na construção de tumbas geométricas, mas eles não eram famosos ou respeitados por sua filosofia. Suas explicações religiosas para as coisas que existem eram elaboradas e coloridas, mas nada convincentes em termos filosóficos. Outro povo de excelentes e maravilhosos matemáticos e astrônomos foram os babilônios.

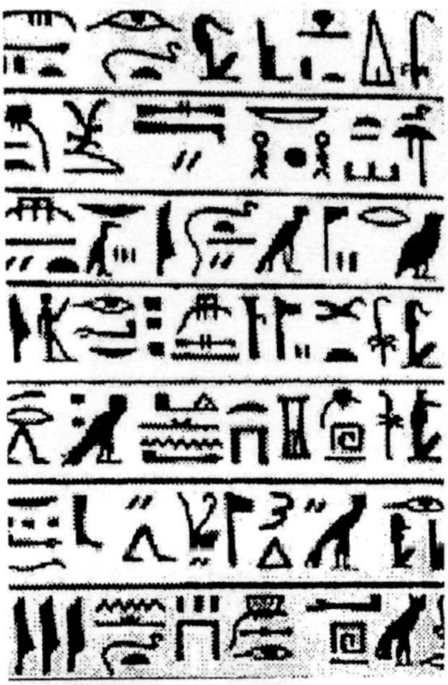

Sociedades teocráticas governadas por castas de sacerdotes em geral têm um pensamento estático e monopolista. Elas insistem em explicações ortodoxas e sufocam ideias independentes e não convencionais. As convicções de hoje precisam obrigatoriamente ser iguais às de ontem.

Os gregos

Os gregos antigos inventaram a filosofia, mas ninguém sabe exatamente por quê. Grande nação comerciante que dominava o leste do Mediterrâneo, o povo grego assimilou mitos e misticismos dos povos vizinhos, assim como arquitetura e matemática. Mas alguns filósofos-cientistas mais irrequietos estavam convencidos da existência de uma ordem subjacente, quer dizer, de uma lógica por trás do fato de as coisas serem como são. Eles não se contentavam com as explicações religiosas – como, por exemplo, o pensador **Xenófanes** (c. 560-478 a.C.).

Ou seja, os primeiros filósofos gregos procuravam encontrar respostas que hoje chamaríamos de "científicas", e não mais "religiosas".

A grande questão dos milésios

Os primeiros filósofos de verdade foram um punhado de gregos excêntricos que seis séculos antes da nossa era viviam na cidade de Mileto, na Jônia, uma colônia da Magna Grécia localizada onde fica atualmente a costa da Turquia. A **pergunta fundamental**, o principal questionamento deles era este: do que é feita a realidade, o que a compõe? Atualmente, essa pode parecer uma pergunta bem esquisita de se fazer. A maior parte das pessoas provavelmente diria que o mundo é feito de muitas coisas diferentes, porque é assim que ele aparece para nós. Mas esses milésios não aceitavam que aquilo que nós **vemos** seja necessariamente a mesma coisa que aquilo que é **verdadeiro**.

Tales (624-546 a.C.)

Anaxímenes (585-528 a.C.)

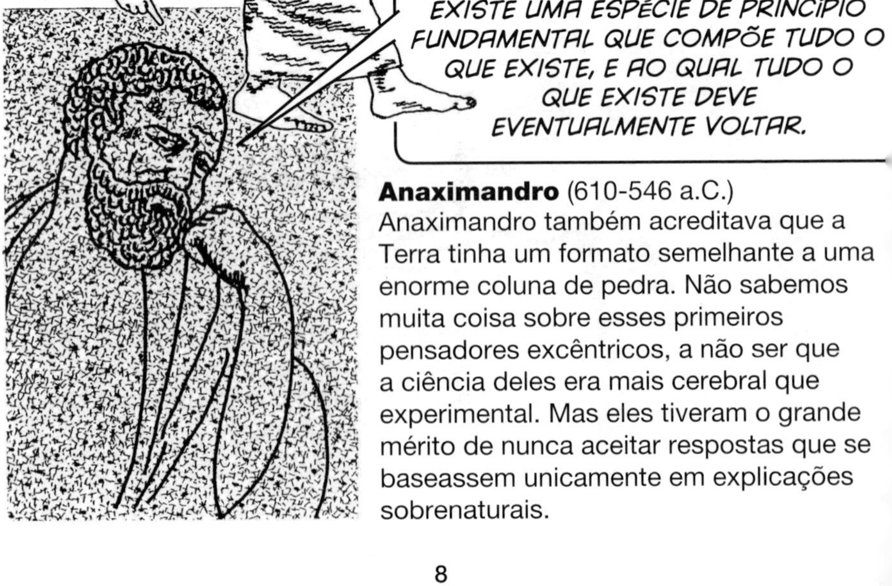

Anaximandro (610-546 a.C.)
Anaximandro também acreditava que a Terra tinha um formato semelhante a uma enorme coluna de pedra. Não sabemos muita coisa sobre esses primeiros pensadores excêntricos, a não ser que a ciência deles era mais cerebral que experimental. Mas eles tiveram o grande mérito de nunca aceitar respostas que se baseassem unicamente em explicações sobrenaturais.

Pitágoras e a matemática

Pitágoras (571-496 a.C.) também se fez a mesma **pergunta fundamental**, mas encontrou uma resposta bastante diferente das dos outros pensadores. Na opinião dele, a resposta para tudo era a matemática. Ele vivia na ilha de Samos antes de emigrar com seus discípulos para a região de Crotone, atualmente sul da península italiana. Pitágoras era um vegetariano que acreditava em reencarnação e declarou que comer feijões era pecaminoso. Ele e os discípulos reverenciavam os números e estavam convencidos de que o mundo era composto de números; que a evidência da verdade era melhor revelada por proporções, quadrados e triângulos retângulos. O grande achado de Pitágoras foi reconhecer que as verdades matemáticas precisam ser provadas e não somente aceitas. Hoje em dia, seu misticismo numérico nos parece bem esquisito. Ele declarou que a "Justiça" era representada pelo número 4, porque esse é um número quadrado. Por fim, ele ficou superchocado com a descoberta que fez dos números "irracionais", como Pi e $\sqrt{2}$.

Pitágoras chegou inclusive a afogar um discípulo, Hiparso de Tarento, por ele ter demonstrado ao mundo a incômoda imperfeição dos números irracionais. Ou seja, nem todos os filósofos toleram muito bem o debate com seus alunos.

Heráclito e o mundo em movimento

Heráclito, que viveu por volta de 500 a.C., parece ter sido mais tolerante com a irracionalidade do universo. O apelido dele era "o leme", porque defendia a ideia de que tudo no mundo estava em constante mudança e em contínuo estado de conflito. Ele ilustrou esses pensamentos com a famosa frase

Crátilo (c. 400 a.C.), um aluno dele, foi ainda mais longe.

Mas Heráclito já foi muito mal interpretado: sua concepção do universo era, na verdade, de que por trás do real existe unidade e consistência. Segundo ele, o conhecimento que conseguimos por meio dos nossos sentidos, e no qual tolamente acreditamos, é inevitavelmente o de um "observador relativo", quer dizer, nosso conhecimento depende do ponto de vista da observação.

Por exemplo: uma montanha sobe ou desce, dependendo do nosso ponto de partida. Mas é isso que as montanhas fazem:

Se um rio não mudasse o tempo todo, não seria um rio. Mas, apesar disso, nós sabemos que ele é o que é. Com isso, Heráclito estava provavelmente dizendo que o verdadeiro conhecimento vem do nosso pensar, da nossa mente, e não da nossa observação das coisas. A ênfase que ele dava à mudança acelerada de tudo talvez tenha sido sua maior contribuição para a **pergunta fundamental**: podemos dizer que, no fundo, o mundo é feito de fogo – algo que está sempre mudando e que ainda assim mantém sua unidade, permanece ele mesmo?

Parmênides

Parmênides de Eleia (515-490 a.C.) viveu na região da Grécia, onde hoje é o sul da Itália. Ele escreveu um longo poema sobre o poder da lógica e do conhecimento e concordava com Heráclito quanto ao conhecimento empírico ser subjetivo. Isso significa que o ser humano, para descobrir verdades permanentes sobre o mundo, deve confiar somente na lógica e no pensamento.

Utilizando argumentos estritamente lógicos, ele forjou uma concepção interessante sobre o tempo: tudo o que existe é o presente imediato. Falar sobre o passado e o futuro é um simples falar, já que nenhum dos dois tem existência real. Parmênides ainda é admirado pelos filósofos contemporâneos por aceitar toda e qualquer conclusão que fosse o resultado de um argumento dedutivo rigoroso, por mais estranha que ela pudesse ser.

Zenão, o paradoxo do movimento

Um aluno de Parmênides chamado Zenão (490-430 a.C.) ficou famoso por inventar paradoxos que costumavam explorar a enigmática relação que muitas vezes existe entre espaço e tempo. O mais famoso deles diz respeito a Aquiles e a tartaruga. Como bom esportista, Aquiles dá uma cabeça de vantagem à tartaruga, vantagem proporcional à lentidão dela. Mas Aquiles acaba descobrindo que não é páreo para aquele seu oponente réptil...

A tartaruga estará sempre um pouco à frente de Aquiles (se tiver saído antes dele), e por isso nunca poderá ser alcançada. Esse argumento ainda ocupa filósofos, matemáticos e físicos. E também é tema de charadas. O que Zenão está dizendo é que o movimento e a mudança real são impossíveis – a mesma tese defendida por seu mestre, Parmênides.

Empédocles e os quatro elementos

Empédocles (490-430 a.C.) viveu em Agrigento, na colônia grega da Sicília. Era médico e também deu sua própria resposta à **pergunta fundamental.**

Com a introdução dessa noção de forças contrárias, Empédocles tentou explicar como os compostos são feitos e destruídos, como eles nascem e morrem. A física dele o levou à convicção da existência de um ciclo constante de reencarnação destrutiva e construtiva. Ele dizia poder ter sido “um garoto ou uma garota, uma moita ou um peixe marinho” antes de ser Empédocles. Deu fim aos próprios dias pulando dentro da cratera do vulcão Etna, talvez como demonstração de sua filosofia.

Os atomistas

Anaxágoras (500-428 a.C.) explicou que nós somos o que comemos. Tudo é uma mistura, uma mescla. Assim, o que existe são porções de sangue, carne, ossos, cabelos e unhas em semente, em germe, o que explicaria como a comida compõe o corpo humano.

Demócrito, o atomista (460-370 a.C.), foi contemporâneo de Sócrates e ficou famoso por suas incríveis teorias sobre a substância e a matéria, que anteciparam as teorias dos físicos atomistas do século XX.

Apresentando Sócrates

Todas essas teorias sobre o significado e a natureza íntima do mundo são conhecidas como "pré-socráticas". O que é notável nessas concepções é o quão próximas estão de teorias desenvolvidas pela ciência em pleno século XX. E os gregos chegaram a elas sem acelerador de partículas ou outros aparelhos – só pensando muito!

Sócrates (470-399 a.C.) viveu em Atenas, uma pequena "cidade-estado" dona de um poderoso império no Mediterrâneo. Muitos atenienses tinham escravos, o que era comum naquela época, e isso dava a eles bastante tempo para ficar pensando em assuntos como drama, história, astronomia ou filosofia. Eles estavam convencidos de que eram a civilização mais adiantada da Terra; e, pelo que sabemos, eram mesmo!

Relativismo cultural

Heródoto (484-424 a.C.) foi um historiador que viajou intensamente por toda a Grécia e fez umas tantas descobertas surpreendentes sobre as crenças e o comportamento de outros povos. Filósofos sofistas, como **Protágoras**, deram-se conta das muitas implicações disso, o que os levou a fazer um bom número de perguntas bem incômodas.

Sempre é fácil achar que nossas próprias crenças são "naturais", quando na verdade elas são "culturais". Assim, os sofistas mudaram o objeto, o tema de reflexão e pesquisa filosófica, da **pergunta fundamental** para várias outras perguntas sobre os modos de ser do ser humano e de suas diferentes sociedades.

Protágoras, o sofista

Protágoras (490-420 a.C.) disse que “o ser humano é a medida de todas as coisas” – o que significa que não existem verdades objetivas, mas somente limitadas e relativas convicções humanas. Essa afirmação soa super-relativista e até mesmo pós-moderna. Ele disse ainda que a filosofia não passava de retórica, ou seja, a arte da persuasão verbal (um instrumento, uma perícia bastante útil em debates), e que aprender a ter esse tipo de competência transformava os alunos em “bons homens”.

Sócrates era baixinho, de péssima aparência, e narigudo. O pai dele era pedreiro e a mãe, parteira. A esposa, Xantipa, vendia legumes e, mais de uma vez, achou que o marido era barbaramente vago. Porém, para muitos jovens atenienses ele foi evidentemente uma espécie de guru carismático, talvez porque os ensinasse a questionar tudo e qualquer coisa – um costume singular que devia, sem dúvida, irritar os pais dos discípulos.

Os diálogos socráticos

Sócrates sempre dizia não saber nada, e por causa disso o oráculo de Delfos declarou que ele era "o mais sábio dos homens da Grécia". Ele incentivava enfaticamente seus discípulos a discutir ideias e argumentar, em geral para demonstrar o quanto é difícil dar respostas satisfatórias a perguntas filosóficas. Essa incerteza que os irritantes "diálogos socráticos" produziam na cabeça das pessoas talvez explique por que o apelido de Sócrates era "o mosca".

Ninguém sabe com certeza se ele acreditava mesmo que o diálogo conseguia levar a verdades sobre conceitos como "justiça", de modo que eles pudessem ser aplicados a questões éticas e políticas. Sua convicção central era de que a sabedoria ética reside no eu, que "virtude é conhecimento".

Condenado à morte

Infelizmente, Sócrates tinha alguns amigos duvidosos, como Crítias, que mandaram executar sistematicamente vários atenienses que manifestavam ser contra os "trinta tiranos". Quando eles foram finalmente depostos, um júri democrata resolveu se vingar e "o mosca" foi considerado culpado de impiedade e de corromper a juventude, e por isso condenado à morte. Corajosamente, depois de explicar por que preferia não sair da cidade e morrer por suas ideias, Sócrates tomou cicuta, o veneno que o matou.

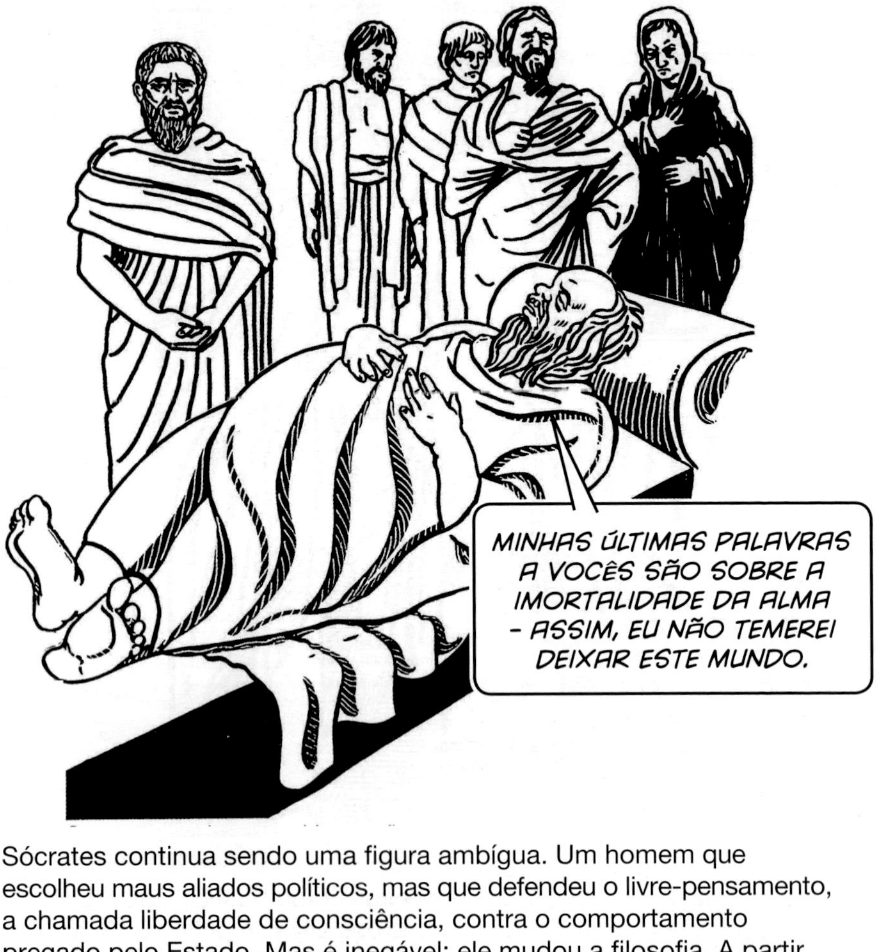

Sócrates continua sendo uma figura ambígua. Um homem que escolheu maus aliados políticos, mas que defendeu o livre-pensamento, a chamada liberdade de consciência, contra o comportamento pregado pelo Estado. Mas é inegável: ele mudou a filosofia. A partir dele as questões filosóficas passaram a ser sobre ética humana e política, e não mais sobre a natureza íntima do mundo da Natureza, o mundo físico.

Platão e o filósofo-rei

Platão (427-347 a.C.) foi um dos discípulos de Sócrates, mas, ao contrário de seu mestre, tinha instintos de autoritarismo. Ateniense de origem aristocrática, detestava os democratas, por terem condenado Sócrates à morte.

Platão era da opinião de que seus compatriotas atenienses tinham se tornado frouxos e decadentes. Ele admirava a implacável força militar de Esparta, que vencia todas as batalhas contra Atenas. Chegou a ser tutor do filho de Dionísio I de Siracusa, um aluno bastante relutante, mas depois voltou a Atenas, onde fundou sua famosa Academia. Sua obra mais importante foi *A República*, que fez um projeto detalhado de uma sociedade perfeita, governada por sábios filósofos-reis.

A doutrina do inatismo

Platão eternizou os diálogos socráticos ao dar essa forma a sua obra. Em seus primeiros escritos, conferiu respeitabilidade à doutrina do inatismo – a crença de que todos já nascemos programados com certos tipos de conhecimento. Ele fez uma demonstração de que isso seria assim interrogando o jovem escravo que pertencia a um amigo dele, Menão.

A explicação dele foi que nós todos temos uma alma imortal, que já passamos por existências anteriores. Dessa forma, tudo o que aprendemos, na verdade, não passa de "reconhecimento", ou anamnese (palavra grega que significa memória).

As formas ideais

Esse “reconhecimento” contribuiu para fazer de Platão um homem de “dois mundos”. Segundo ele, apesar de existir o mundo das coisas óbvias do dia a dia, existe também outro, o das eternas e perfeitas “formas”. Essas formas seriam como modelos perfeitos, dos quais surgem as coisas singulares que nós vemos; assim, por exemplo, as cadeiras que vemos seriam meras cópias da pura forma, ou da forma ideal de “cadeirismo”, a ideia de cadeira. Só uma categoria de pessoas dotadas de certa forma de inteligência – e que ele chamou de “guardiães”, seriam capazes de “ver” essas formas ideais. Nem todo mundo concordou com isso.

A alegoria da caverna

Platão explicou sua teoria das ideias por meio de uma alegoria, um mito. Pessoas comuns são como prisioneiros que vivem o tempo todo dentro de uma caverna escura, obrigados a só ver as sombras projetadas por uma fogueira na parede da caverna. Sombras que eles pensam que são reais.

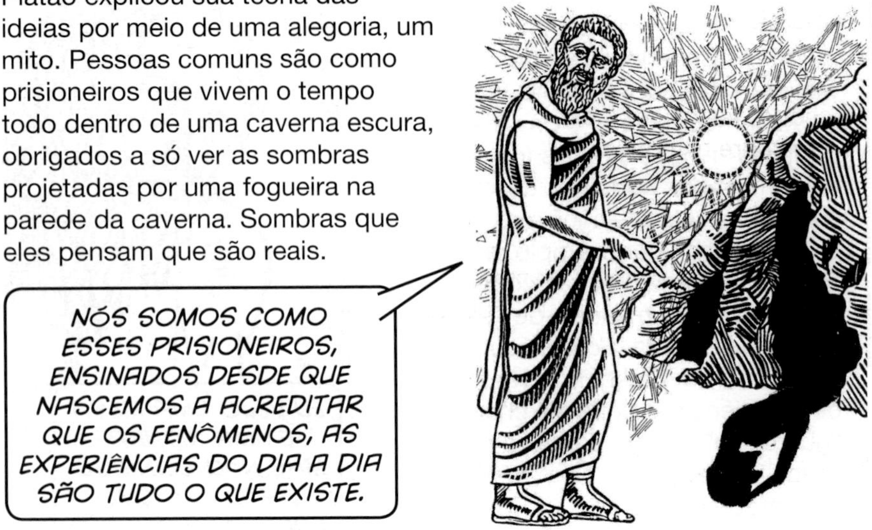

Da mesma forma, quem é acostumado a desenvolver habilidades mentais, como os matemáticos, descobre que por trás do mundo da experiência sensível existe outro mundo, melhor e mais verdadeiro, mais real – o mundo das formas. Essas pessoas conseguirão, por fim, ver e conhecer "a própria divindade" e se transformar em infalíveis dirigentes "de ouro" em uma sociedade composta de pessoas incultas, feitas de prata, bronze e ferro, e que jamais questionam o sistema. Nessa República, se alguém quiser saber como agir, basta perguntar a um "guardião".

Em seus trabalhos tardios, Platão parece ter duvidado das formas e da relação delas com cada objeto no mundo em que vivemos, objetos chamados de "particulares". O sistema platônico é chamado de "fechado": se aceitarmos o que ele afirma sobre o conhecimento, então teremos supostamente de aceitar suas rígidas concepções sobre ética e política. Aparentemente, Platão acreditava que todo conhecimento pode ser tão estável e abstrato como a matemática – e isso não é bem assim. Ele também parece ter ficado "enfeitiçado" com a esquisitice grega que insinuava que para "conhecer" realmente alguma coisa precisamos experimentá-la, vivenciar sua experiência de modo direto.

Mas nunca ficou claro o que são essas formas, onde elas existem, como elas são, e por que só uns poucos sábios conseguem "vê-las".

Especialistas em filosofia

Platão incentivou gerações posteriores de filósofos a acreditar que era trabalho deles descobrir tipos especiais de conhecimento místico, ou "ideal", que estariam escondidos sob a superfície, sob a aparência do cotidiano. Sua filosofia política também é um incentivo perigoso a se criar uma "utopia" traçada por uma elite autoritária e "superior". Nós sabemos bem no que isso pode dar.

Aristóteles, o mestre

Quando tinha dezoito anos, **Aristóteles** (384-322 a.C.) chegou a Atenas vindo da Macedônia, ao norte da Grécia, para estudar na Academia de Platão. Sem dúvida nenhuma ele gostou de estudar ali, porque acabou ficando por vinte anos. Quando Platão morreu, Aristóteles foi embora de Atenas, se casou e voltou para a Macedônia.

Anos depois ele voltou a Atenas, onde fundou sua própria escola de filosofia, o Liceu. Mas, quando Alexandre morreu, ele achou melhor sair de Atenas, porque o imperialismo macedônio tinha se tornado extremamente impopular. Acabou morrendo no exílio, em 322 antes de nossa era, na ilha de Eugeia. No testamento que deixou, pedia que seus escravos fossem postos em liberdade, apesar de anos antes ter dito que aqueles cativos eram escravos "por natureza".

Lógica dedutiva ou silogística

Aristóteles escreveu cerca de quatrocentos livros, sobre assuntos que iam de moluscos a almas imortais.

Todos os sapos sabem nadar.
(premissa)

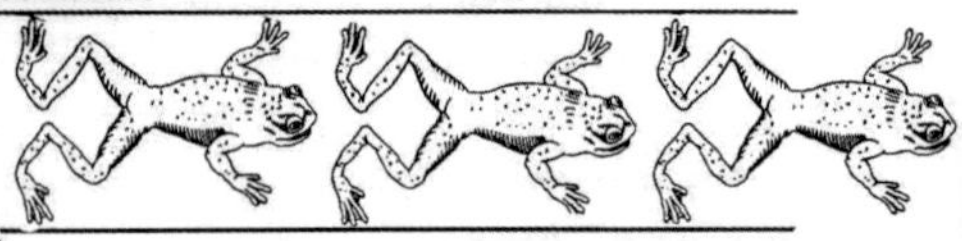

Isso é um sapo.
(premissa)

Ou seja, isso sabe nadar.
(conclusão)

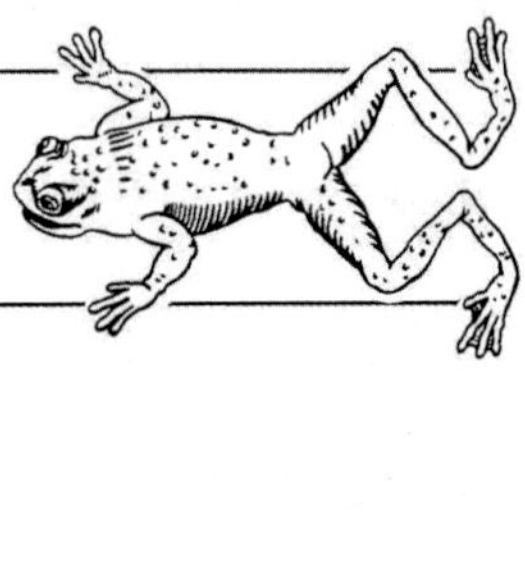

Outras estruturas lógicas do mesmo tipo, chamadas de silogismo, podem ser produzidas com "Nenhum sapo" e "Alguns sapos". E se os argumentos seguirem algumas regras básicas (como não admitir mais na conclusão do que nas premissas), então o silogismo será válido. E se as premissas forem verdadeiras, e o argumento for válido, então a conclusão estará garantida, correta.

A lógica é uma ferramenta poderosa, mas Aristóteles nunca explicou sobre o que exatamente a lógica está falando, do que ela trata – se é da própria palavra, da mente humana ou sobre como a linguagem funciona.

Indução e ciência

Aristóteles não tinha ficado inteiramente convencido com a bizarra Teoria das Ideias, de Platão. Ele também achava que o mundo era feito de "formas", mas elas seriam simplesmente "tipos naturais", ou espécies. Para ele, o papel do cientista é descobrir o que são essas "espécies" e explorar suas propriedades. Esse foi um dos motivos pelos quais Aristóteles reconheceu a importância da indução. Observando determinados sapos nadando, podemos supor que todos os sapos sabem nadar.

Ou seja, todos os sapos sabem nadar.

Ao sermos capazes de generalizar de sapos específicos para espécies, estamos começando a fazer ciência. Podemos utilizar generalizações indutivas sobre as espécies para fazer uma dedução sobre um sapo individual, e isso dá à ciência o poder de fazer uma previsão.

Todos os sapos sabem nadar.
Isso é um sapo.
Ou seja, ele sabe nadar.

Causa final

Para Aristóteles, só as coisas individuais existem, e não as “formas”. Ele também estava convencido de que tudo tem uma “causa final”, ou função potencial. Assim, o fogo tem o potencial constante de se mover para cima, e os objetos pesados, de cair, de se mover para baixo. Outras coisas como plantas, animais e seres humanos têm funções muito mais complexas.

Essa explicação circular e sem consistência nenhuma foi chamada de explanação **teleológica**, ou argumento teleológico. É como se a “causa” fosse um puxador interno, uma finalidade última, e não um propulsor separado. Filósofos e cientistas contemporâneos são menos confiantes em relação a afirmar o que seria esse puxador. E, depois da teoria evolucionista de Darwin, eles já nem acreditam que alguma coisa desse tipo exista.

Almas e substâncias

Aristóteles também deu sua contribuição para responder à **pergunta fundamental**. Ele não aceitava que objetos materiais fossem simples cópias, simulacros das "formas" eternas e imutáveis. Para Aristóteles, todas as coisas são feitas de uma única "substância", que tem propriedades "essenciais" e propriedades "acidentais". As essenciais definem uma coisa.

Essa questão filosófica da "substância" continuou a inquietar os filósofos nos 2500 anos que se seguiram. Aristóteles também disse que as almas são o princípio de toda vida biológica. As plantas têm uma alma vegetativa que as faz crescer, os animais têm outra, que os faz terem sensações, e os humanos têm as duas, além de terem a razão. Diferentemente das concepções pitagórica e platônica de alma, a de Aristóteles não é garantia de imortalidade.

A ética da moderação

A teoria platônica sobre a ética é assunto para superespecialistas. Mas a teoria aristotélica lembra mais uma espécie de prática cotidiana de competências que a maior parte dos adultos adquire por meio da experiência. Os pais exercitam os filhos a ter comportamento adequado com relação a outras crianças, e adultos aprendem como ser sensíveis e moderados em suas relações com os outros. Os seres humanos são animais sociais, programados para viverem juntos em harmonia, mesmo que seu "software" de como se comportar precisa ser regularmente exercitado, escolhendo o "meio-termo" entre polos opostos.

Ou seja, a ética aristotélica diz mais respeito à própria realização do que ao que se entende por moral, no sentido de código de conduta.

Assumindo as responsabilidades

Para Aristóteles, Sócrates estava errado ao acreditar que "virtude é conhecimento".

A ética aristotélica pode parecer simplória e óbvia, mas sua "teoria da virtude" parece bem acertada. A ética deveria se ocupar de produzir pessoas eticamente experimentadas, quer dizer, que tenham uma vivência do que é ético, em vez de criar sistemas de moral ou regras. Mas será que os seres humanos têm essas virtudes morais, ou essa capacidade? Nossa capacidade talvez seja agir como individualistas impiedosos e empedernidos.

Platônicos sonhadores e aristotélicos realistas

Sócrates, Platão e Aristóteles formam a base firme e sólida da filosofia ocidental. O pensador **A. N. Whitehead** (1861-1947) fez a famosa afirmação de que **toda** a filosofia ocidental não passa de notas de rodapé do pensamento de Platão. Realmente, Platão fez todas as perguntas corretas, para as quais os filósofos ainda estão procurando respostas. Também se costuma dizer que desde aquela época os filósofos têm ou inclinações platônicas ou aristotélicas.

Intervalo: história resumida

As independentes cidades-Estados gregas foram engolidas pelo imperador macedônio **Alexandre, o Grande** (356-323 a.C.), o pupilo de Aristóteles que fez conquistas que iam da Pérsia às fronteiras da Índia, passando pelo Egito. Esse foi o começo do **período helenístico** (323-27 a.C.), quando a cultura grega se espalhou por todo o Mediterrâneo. Os generais de Alexandre dividiam e comandavam os territórios conquistados (a rainha do Egito **Cleópatra** (69-30 a.C.) era descendente de um deles), até que o Império Romano os invadiu.

Os epicuristas – "cultive seu jardim"

A filosofia helenística se fragmentou em diversas escolas, influenciadas pelo modelo aristotélico de "viver bem", que deixou de significar ser um digno cidadão de uma pequena cidade-Estado para tornar-se sobreviver em um imenso sistema imperial que no mais das vezes era corrupto. **Epicuro** (341-270 a.C.) sugeriu que para ser feliz a pessoa só precisa de tranquilidade e paz de espírito. Como discípulo de Demócrito, ele defendia a tese de que a morte não precisa ser temida – ela é simplesmente a inevitável transformação de nossos corpos e almas em átomos.

A única maneira de alcançar a satisfação pessoal é abrir mão da vida social e política – desagradável e muitas vezes violenta: esse é o motivo pelo qual os epicuristas são também conhecidos como os filósofos "do jardim".

Os estoicos

Os estoicos diziam que o caminho para bem viver a vida era acreditar somente na razão e se afastar das emoções, porque no fim das contas os sentimentos nos farão ser infelizes.

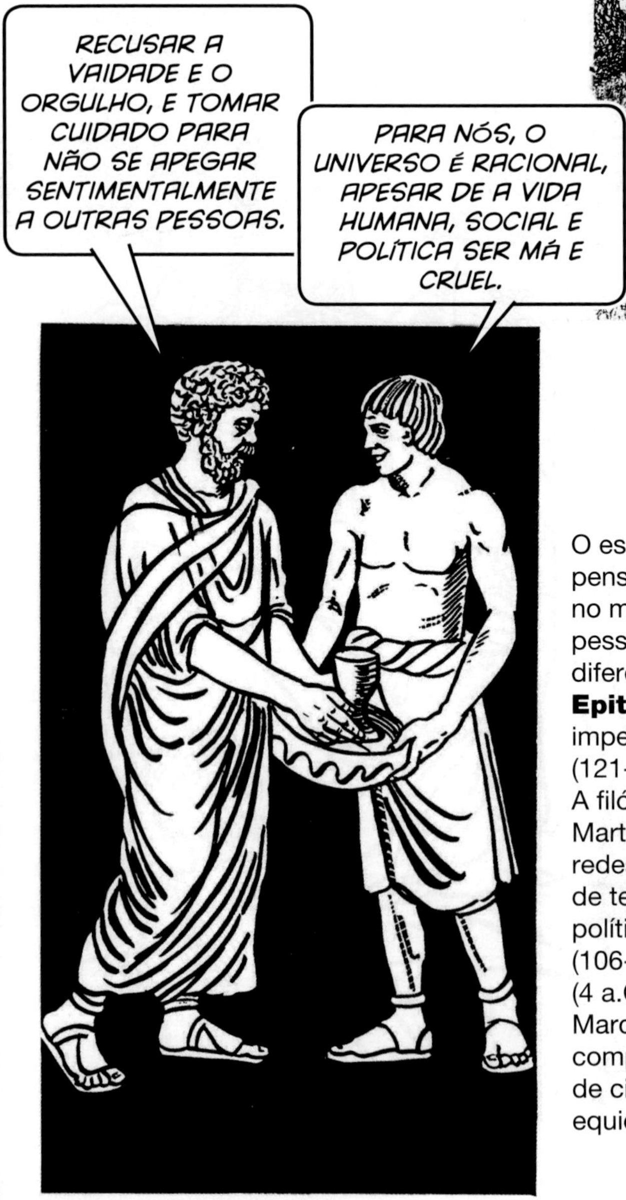

O estoicismo foi o pensamento mais influente no mundo romano, e atraiu pessoas socialmente tão diferentes como o escravo **Epiteto** (55-135) e o imperador **Marco Aurélio** (121-180).
A filósofa contemporânea Martha Nussbaum redescobriu uma rica fonte de teoria estoica ética e política em **Cícero** (106-43 a.C.), **Sêneca** (4 a.C.-65 d.C.) e em Marco Aurélio, que compartilhavam ideais de cidadania mundial e equidade.

Céticos e cínicos

Os céticos também se perguntaram como viver bem, mas a solução que eles encontraram foi bem diferente. O ceticismo foi inventado por **Pirro** (c. 360-272 a.C.), que afirmava não ser nada sábio acreditar no que quer que fosse. Ele levava essa convicção ao extremo, andando na beira de falésias e passando na frente de cavalos, e morreu... de velhice. **Diógenes**, o Cínico (412-322 a.C.), era um completo anarquista, vivia dentro de uma barrica e era rude com todo mundo, inclusive com Alexandre, o Grande.

***Sexto Empírico** (c. 200)*

A exemplo de Heráclito, **Sexto Empírico** dizia que todo o conhecimento é relativo e por isso não digno de confiança, e que no limite nada podia ser provado. (Porque toda prova precisava ser provada, e o que provava também precisava ser provado, e assim por diante, ao infinito.) No fim das contas, é claro que os céticos trapaceavam – eles eram dogmáticos no que dizia respeito a sua doutrina central, o *relativismo*.

Mais um pouquinho de história

Costuma-se dizer que o Império Romano desmoronou no século V antes de nossa era, porém a própria cidade de Roma continuou sendo um importante centro eclesiástico cristão. E a metade leste do império, Bizâncio, declarada em 293 Império Romano Oriental, tendo Constantinopla como capital, resistiu até cair diante dos turcos em 1453. A civilização árabe floresceu sob o islamismo, no século VII, e se espalhou pelo Norte da África, chegando até a Espanha.

A chegada do cristianismo

Constantino (c. 285-337) foi o primeiro imperador romano a adotar o cristianismo e transformá-lo em religião oficial do império (c. 320). Assim começou o poder da Igreja Católica de Roma, que tratou de tentar impor sua cultura por toda a Europa Ocidental. A Igreja tinha o monopólio de todas as formas de pensamento filosófico e reprimia ativamente qualquer ideia ou visão de mundo independente, ou não de acordo com sua doutrina.

Alguns filósofos, como **Plotino** (204-270), tentaram fazer a doutrina da Igreja "bater" com o pensamento de Platão – o que foi bem difícil!

Os pais da Igreja

Os principais pensadores desse período são em geral conhecidos como "pais" da Igreja, porque eles explicitaram e estabeleceram as doutrinas centrais da Igreja Católica e suas complicadas crenças. Eles foram considerados filósofos porque acreditavam que Deus teria dotado os seres humanos de razão para poderem argumentar e discutir problemas teológicos. Tudo isso estava bem mais para supersticiosa e cega fé cristã do que para filosofia...

Um desses "pais" que teimavam em insistir na autoridade absoluta da Igreja foi **Agostinho** (354-430), que para a Igreja era Santo. Ele nasceu no Norte da África e escreveu as famosas **Confissões**, sobre sua própria juventude infeliz.

O problema do demônio

Agostinho dizia que a culpa do nascimento do demônio é nossa, e não de Deus. O problema do demônio não teria acontecido se Deus tivesse programado autômatos "bons" em vez de seres humanos. Mas, generosamente, Ele nos criou livres, indivíduos autônomos.

Agostinho chegou à conclusão de que Deus sempre sabe de antemão quais escolhas morais vamos fazer, mas não se intromete. Ele também ficou impressionado com o **argumento teleológico** da existência de Deus: a doutrina do objetivo e da causa final (no sentido de finalidade). O mundo é bonito, ordenado e planejado, tudo servindo para justificar a existência de um criador divino fora do nosso tempo.

A prova de Anselmo

No século XI, filósofos-teólogos eram chamados de “homens de letras”, ou “homens da escola”, e a filosofia que eles produziam era chamada de “escolástica”. **Anselmo** (1033-1109), que para a Igreja também era Santo, ficou famoso por ter inventado o argumento ontológico da existência de Deus, que é mais ou menos assim:

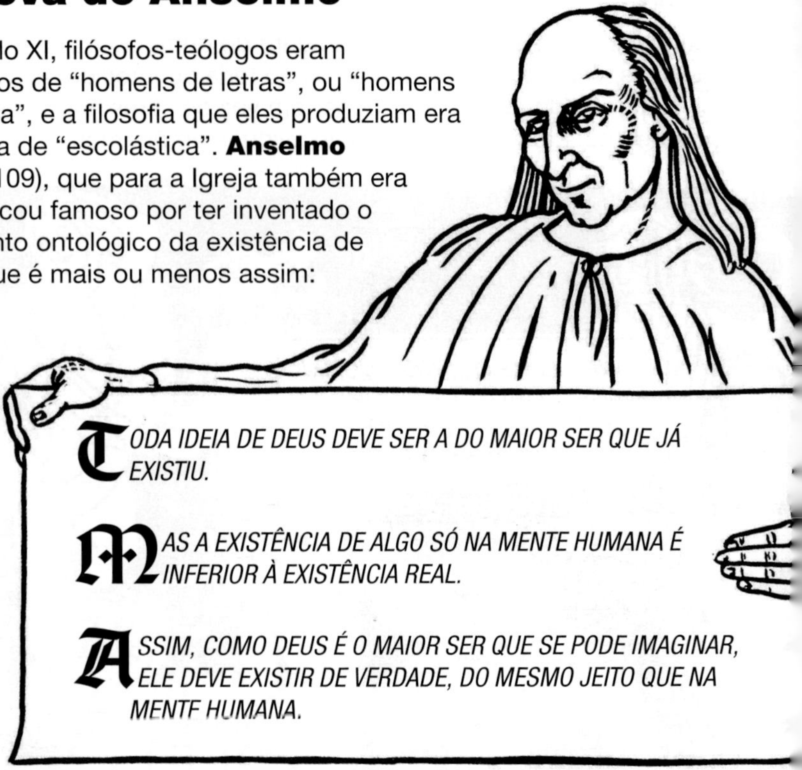

Aparentemente, Anselmo achava que se embaralhasse direitinho as palavras, de alguma maneira conseguiria produzir a prova da existência de Deus – o argumento ontológico é uma espécie de ilusionismo, de truque.

O nominalismo de Abelardo

O eclesiástico francês Pierre Abelard, que ficou conhecido como **Abelardo** (1079-1144), tinha um caso com uma aluna dele chamada Heloísa e foi castrado por causa disso. Ela entrou para um convento e os dois passaram o resto da vida escrevendo cartas um para o outro. Abelardo foi autor

Em qualquer dicionário, palavras como "gato" ou "cadeira" são em geral "universais", ou classes de palavras. Para Platão, essas palavras se referiam a "formas" divinas. Abelardo dizia que não, que essas entidades não existem, pois são simples informações particulares sobre coisas deste mundo. Ou seja, a linguagem pode levar filósofos a acreditar na existência de coisas esquisitas que na verdade não existem.

Aquino e a teologia natural

Tomás de Aquino (1125-1274), também Santo para a Igreja Católica, inventou outro argumento para justificar a existência de Deus, parecido com o argumento de Aristóteles, do "primeiro motor imóvel". Esse argumento cosmológico afirma que tudo tem uma causa, e, assim, tem que ter havido a Grande Causa Primeira de tudo – ou Deus. Tomás de Aquino também acreditava em "teologia natural".

Isso foi uma boa notícia para os cientistas medievais, porque significava que a ciência não era necessariamente uma atividade herética. A doutrina de Tomás de Aquino também dizia que, em raras ocasiões, era aceitável desobedecer à lei secular, desde que fosse por acreditar que ela contrariava a lei divina.

A navalha de Occam

Teólogos tardios, como **Guilherme de Occam** (1285-1349), deram continuidade à escolástica no que diz respeito aos espinhosos problemas de linguagem, lógica e significado. Occam também era nominalista, e foi ele quem disse que um monte de problemas filosóficos não passava de blá-blá-blá sobre entidades imaginárias. Na opinião dele, as grandes verdades em geral são simples, por isso é tolo preferir uma resposta complicada em vez de uma resposta simples. Esse princípio ficou conhecido como "a navalha de Occam" e foi superimportante para a ciência – mesmo que não tenha influenciado a própria filosofia, infelizmente.

Humanismo renascentista

O complexo acontecimento histórico e cultural conhecido como Renascença, ou Renascimento, começou no Norte da Itália no século XIV e se espalhou por toda a Europa, durante dois séculos.

A sociedade feudal morria lentamente. As cidades iam se tornando mais importantes e os membros da nova classe mercantil incentivavam novas ideias no âmbito da matemática, da ciência e da tecnologia, em parte porque essas coisas podiam ajudá-los a ganhar mais dinheiro. A outra grande mudança daquela época, a Reforma, permitiu que filósofos que viviam em países protestantes fizessem questionamentos mais radicais sobre ciência, política e moralidade.

Erasmo, o cético

Um filósofo que sem querer ajudou a desencadear a Reforma protestante foi **Erasmo** (1466-1536), com seu livro ***Elogio da loucura***. Erasmo era um crítico feroz da corrupção na Igreja Católica. Ele não levava ninguém a sério, menos ainda os filósofos.

A exemplo dos pensadores da Escola cética antes dele, Erasmo também era de opinião que a "sabedoria" humana é ilusória e inatingível.

Teóricos políticos

Aristóteles dominou basicamente toda a teologia, a filosofia e a ciência medievais. Os cientistas da Renascença começaram a descobrir que muitas vezes ele tinha estado redondamente errado. Por exemplo, o Sol não gira em volta da Terra. Aristóteles também insistira que o objetivo da atividade política era produzir cidadãos eticamente virtuosos. Dois pensadores renascentistas estavam convencidos de que, a respeito desse assunto, Aristóteles também não tinha razão.

Nicolau Maquiavel (1469-1527) observou o comportamento completamente sem escrúpulos e cruel dos governantes italianos da Renascença, e chegou à conclusão de que a política é um jogo sujo e necessário, de traição e de trapaças. Em seu livro ***O príncipe***, ele sugeriu que moralidade e política não combinam.

Maquiavel está mais para teórico da política do que realmente para filósofo, mas sua observação aguda das práticas políticas estabeleceu os princípios da moderna **sociedade civil** secular (não religiosa).

O inglês **Thomas Hobbes** (1588-1679) fez um balanço bem pessimista do ser humano em seu livro ***Leviatã***. Ele era fascinado pelo rigor dedutivo da geometria e acreditava que o argumento lógico poderia ser usado para produzir uma filosofia política. A concepção dele de natureza humana, chamada de **egoísmo psicológico**, é mecanicista e profundamente cínica.

Deixados por conta própria, no "estado natural", eles inevitavelmente se matariam uns aos outros. Rapidamente, a vida das pessoas se tornaria "solitária, pobre, dura, brutal e curta".

A teoria do contrato social

Hobbes acreditava que, em um esforço desesperado para escapar da morte na própria cama, as pessoas egoístas seriam obrigadas a selar umas com as outras um "contrato social" recíproco. Mas um contrato entre indivíduos cruéis precisaria obrigatoriamente ser reforçado por um segundo "contrato governamental", que permitisse aos governos punir quem não respeitasse o primeiro.

Moralidade é a mesma coisa que obediência às leis. Isso não é lá muito envaidecedor para nós como espécie, mas pelo menos Hobbes incentivou um novo interesse pela natureza humana, e a convicção de que governos só têm direito de governar por meio de um *contrato*.

A filosofia da ciência de Bacon

O próprio **Francis Bacon** (1561-1626) era um astuto político inglês, mas como filósofo ele estava mais interessado nas novas ciências e até onde elas podiam chegar. Ele foi o primeiro a dizer que "conhecimento é poder". Bacon não chegou a fazer nenhuma descoberta, mas se interessou especialmente pelos novos métodos de observação empírica, experimentação e indução, empregados por cientistas como Galileu Galilei (1564-1642). Bacon não levava muito a sério, nem confiava muito na doutrina aristotélica da "causa final".

Por fim, as experiências amadoras que ele fez acabaram matando-o. Ele morreu de bronquite, provocada por suas repetidas exposições ao frio do inverno para ir socar neve na garganta de uma galinha. Ele queria descobrir se o frio a preservaria.

Origens da filosofia Moderna

Considera-se que a filosofia dita Moderna começou com **René Descartes** (1596-1650), o matemático francês que não aceitava as respostas filosóficas tradicionais, insistindo em sua autonomia intelectual. Ele estudou o trabalho interno da mente em sua relação com o mundo externo e enfatizou a diferença entre perceber e pensar. Seu método de dúvida sistemática é um trabalho introspectivo e autobiográfico, mas também extremamente objetivo e lógico.

Descartes ficou profundamente impressionado com o quanto a matemática podia ser relevante em ciências como a astronomia. Ele escreveu a maior parte de sua filosofia no ambiente calmo e tolerante da Holanda protestante.

Dúvida científica

O ***Discurso do método***, de Descartes (1637), procura estabelecer um novo tipo de conhecimento científico rigoroso, obedecendo a regras de um procedimento simples. Em suas ***Meditações*** (1641), ele se pergunta se existe qualquer tipo de conhecimento que possa ser seguro e certo. Aplicando a técnica da dúvida sistemática e radical, descobriu que podia destruir qualquer tipo de certeza que tivesse.

Até mesmo seus pensamentos abstratos podiam estar errados ou ser ilusórios. Talvez um demônio invisível o tivesse hipnotizado, levando-o a pensar que estava acordado, fazendo cálculos matemáticos elaborados, o que na verdade era falso.

Cogito ergo sum

A dúvida cartesiana é cumulativa e implacável. Descartes sugeriu que não existe conhecimento garantido. Ele dizia não poder ter certeza nem mesmo da existência real do próprio corpo. Mas ele afirmava poder ter certeza absoluta de que seus pensamentos existiam: duvidar é pensar, por isso, ao duvidar, ele estava pensando. Com esse insight, Descartes descobriu o "**cogito**".

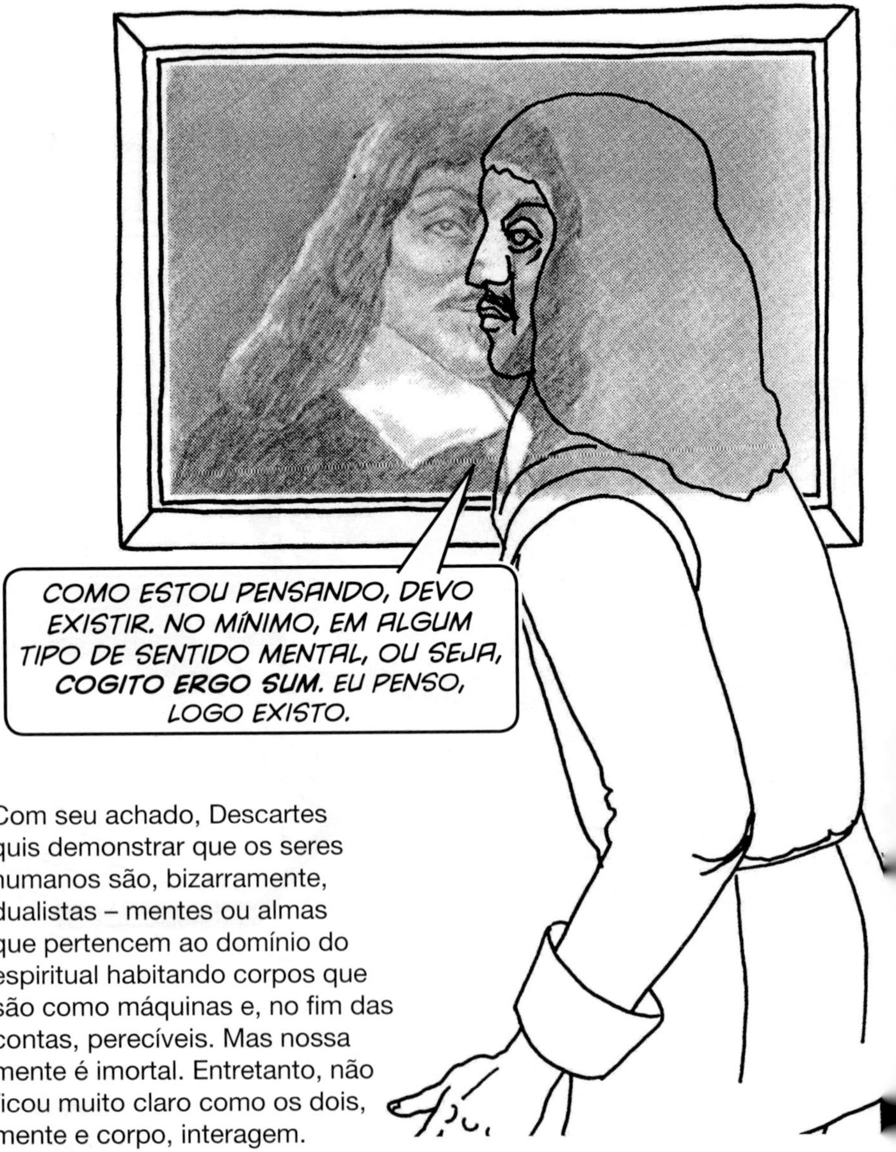

Com seu achado, Descartes quis demonstrar que os seres humanos são, bizarramente, dualistas – mentes ou almas que pertencem ao domínio do espiritual habitando corpos que são como máquinas e, no fim das contas, perecíveis. Mas nossa mente é imortal. Entretanto, não ficou muito claro como os dois, mente e corpo, interagem.

Ideias claras e distintas

Descartes estava convencido de que Deus era a garantia do pensamento abstrato racional, “claro e distinto” como o próprio cogito. Isso significa que nosso “claro” pensamento matemático sobre o mundo seria correto, mas nossas experiências sensoriais relativas a ele seriam todas subjetivas e enganosas.

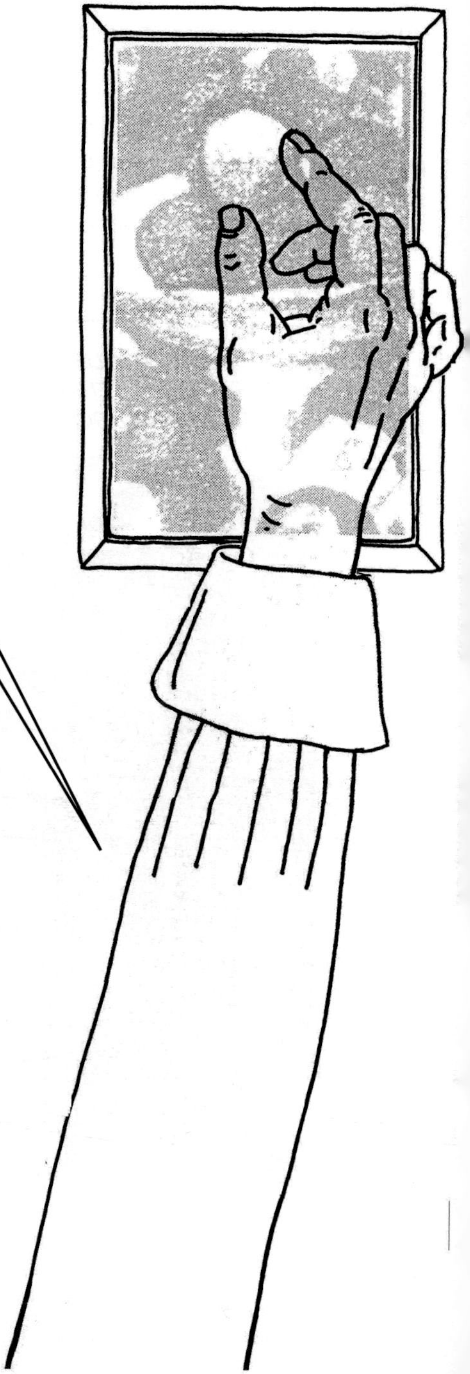

Ou seja, o ceticismo de Descartes é uma espécie de jogo filosófico, que ele usava para estabelecer que tipo de *conhecimento seguro* existe.

Existem inúmeros problemas nessa estrada subjetiva para uma certeza única e pessoal. Parece esquisito acreditar que nossos sentidos “mentem”, nos enganam. Porque, afinal de contas, nós só sabemos que, na verdade, um pedaço de madeira mergulhado na água é reto porque nossos olhos nos dizem isso – depois. Também é bem esquisito associar Deus à figura de guardião das certezas matemáticas.

A herança cartesiana

O pensamento solitário de Descartes (o cogito) parece particular e inviolável, mas ainda assim ele é composto de palavras, com um conjunto de regras gramaticais e toda uma história cultural por trás. E talvez a procura humana de uma certeza absoluta e não humana seja mal construída. Mas mesmo assim temos de agradecer a Descartes, pois a herança que ele deixou permitiu que pensadores posteriores levassem seus questionamentos ainda mais longe...

A filosofia de Descartes também conferiu respeitabilidade ao dogma de que o conhecimento verdadeiro só pode derivar da razão, o que transformou o conhecimento empírico em secundário, estimulando com isso um debate filosófico que durou pelo menos cem anos, se não mais.

Questões espinosanas

Baruch Spinoza (1632-1677), ou Benedito Espinosa, como preferirem, foi um judeu holandês que, como Descartes, também levava uma vida solitária. Pensador livre, ele acabou sendo excomungado e expulso da comunidade judaica, além de ser proibido de dar aulas, o que o obrigou a sobreviver com bastante dificuldade do seu trabalho de polidor de lentes. Esse trabalho afetou seus pulmões e o levou à morte.

Spinoza seguiu adiante com o quebra-cabeça do problema cartesiano da "substância". Como tinha afirmado Descartes, existem dois tipos de totalidades autônomas – a mental e a física. Como, então, elas conseguem interagir?

A resposta de Spinoza, em sua **Ética** (1677), foi refutar o dualismo cartesiano.

O monismo espinosano

Spinoza recorreu ao método dedutivo da geometria para demonstrar que só existe *uma* substância – Deus, aquilo em que tudo o mais existe, como um *modo de ser*. Em outras palavras, existe um sistema de leis científicas do qual a experiência da Natureza pode ser deduzida. Nós só conhecemos dois atributos divinos: o **pensamento** (mente) e a **extensão** (corpo), mas ambos os modos de ser são a mesma coisa, expressada de dois jeitos diferentes. Todo objeto (modo de extensão) é idêntico ao modo de pensamento, exatamente como o corpo humano e a mente. Será que isso quer dizer que as pedras "pensam"?

Spinoza enfatizou a *lógica* na *teologia*. Por isso, para ele, a liberdade científica total é coerente com tudo o que é importante na Bíblia. O "monismo" dele foi erroneamente confundido com **panteísmo** ("Deus está em todas as coisas"), que muito influenciou os românticos alemães e ingleses.

Leibniz e a monadologia

Gottfried Wilhelm Leibniz (1646-1716) foi um incrível matemático, filósofo e político. Rival de **Isaac Newton** (1642-1727), são de autoria dele os fundamentos do cálculo integral diferencial em suas pesquisas e procura por uma “álgebra do raciocínio”. Crítico tanto de Descartes quanto de Spinoza, ele forjou seu próprio e intrincado sistema metafísico, a **monadologia** (1714).

O conceito central de Leibniz é que o pensamento de Deus conteria uma infinidade de *mundos possíveis*, mas só um teria se realizado, o *melhor* de todos. O que decide o “melhor” é um mínimo de causas (leis ou significados) e um máximo de efeitos (estados ou fins).

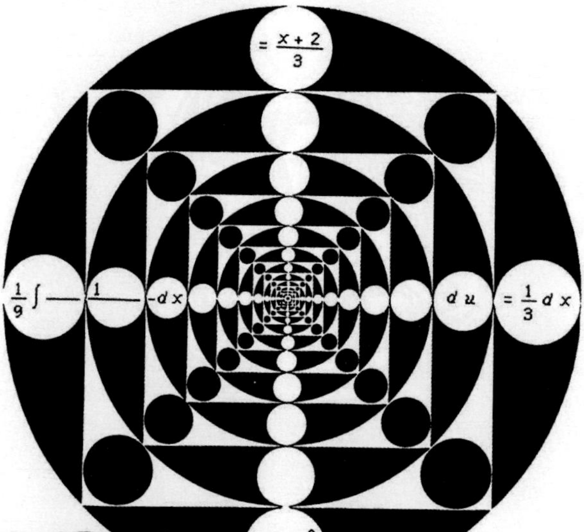

O que será que Leibniz queria dizer com “mônada”?

Devemos imaginar a mônada como uma **substância individual**...

1. que contém todo conceito coerente com ela, mas nenhum outro;
2. ela não tem partes, mas "acidentes" das qualidades e tendência mentais;
3. [não existe] nenhuma relação causal entre mônadas, mas só entre seus estados;
4. cada mônada é um microcosmo à parte, que reflete o macrocosmo por inteiro;
5. esse mundo possível existe porque Deus o criou por um imperativo moral, mas não necessariamente físico.

Leibniz ficou conhecido como o "Aristóteles do mundo moderno", porque em sua grande teoria fez um esforço de conciliação do pensamento escolástico com o novo racionalismo científico. Leibniz divide com Newton a autoria do conceito de que espaço e tempo são absolutos e infinitos.

Voltaire e o Iluminismo

Leibniz havia produzido e elaborado um modelo metafísico para descrever a estrutura básica do universo. Mas será verdade? E como determinar se é verdade ou não? Essa questão revelou o ponto fraco da filosofia racionalista tanto de Leibniz quanto de Spinoza. A novela **Cândido**, de **Voltaire** (1694-1778) – um das maiores figuras do Iluminismo –, satirizava a visão superotimista de Leibniz do "melhor de todos os mundos possíveis". O **Iluminismo** foi uma era de radicalismo social e de renovada confiança no poder da razão, sobre o dogma, a superstição e a tirania.

Juntamente com o versátil e brilhante enciclopedista **Denis Diderot** (1713-1784), Voltaire e outros filósofos franceses popularizaram os pioneiros ingleses do empirismo: Bacon, Newton e Locke.

Locke e o empirismo britânico

John Locke (1632-1704) adotou a maior parte das ideias de Descartes sobre a mente e a percepção, mas foi também o fundador do empirismo, que insistia que o conhecimento humano básico deve ter origem nos sentidos. Ele também era de opinião que a doutrina cartesiana e platônica de ideias inatas é ridícula, e que a maior parte da metafísica não faz sentido.

Só então a mente pode começar a reunir e a formar as próprias ideias, e a pensar independentemente dos sentidos.

Locke concordava com Descartes que nossa experiência do mundo é sempre indireta. Tudo o que nossa mente efetivamente tem como experiência são representações de imagens mentais, o que significa que não podemos ter qualquer conhecimento da "substância" da qual o mundo é feito. Locke também concordava que nossa experiência, nossa vivência de qualquer objeto, como uma laranja, por exemplo, é mista.

O mundo de Locke é um lugar monocromático e sem aroma, no qual nós, seres humanos, vivemos nossas experiências do único jeito que conseguimos: colorido e cheiroso. Se nós fôssemos de outro planeta e equipados com órgãos dos sentidos diferentes dos que temos, então as laranjas continuariam sendo redondas, mas as qualidades secundárias poderiam ser outras. Mas Locke nunca duvidou da existência de um mundo exterior ao nosso, que o fazia ter essas experiências mentais.

O idealismo de Berkeley

O bispo **George Berkeley** (1685-1753) transformou o empirismo de Locke em um pensamento muito mais metafísico – normalmente conhecido como **idealismo**. Ele usou como ponto de partida a própria ilógica distinção entre primário e secundário, da filosofia de Locke, para demonstrar que os dois aspectos não podem ser separados. Não é possível distinguir o **formato** original de um objeto sem o aspecto secundário, a **cor**. Então, por que assumir que algumas experiências são "reais" e outras só "mentais"? Berkeley chegou à conclusão de que todas as nossas experiências são mentais, causadas por Deus, e que todas as nossas vivências diárias, mais banais, são uma gigantesca ilusão. Ele formulou esse pensamento na famosa máxima: esse *est percipi*, existir é ser percebido. Felizmente, Deus faz que nossas ilusões sejam coerentes e consistentes, de modo que nossas experiências venham em "pacotes".

Uma das implicações disso é que quando as coisas não estão sendo percebidas, elas deixam de existir. Essa ideia é bem difícil de aceitar, mas os filósofos gostam bastante dela, porque é difícil provar o contrário. Afinal, como é que nós poderíamos "pular" para fora dos nossos sentidos para conseguir refutar o que Berkeley diz?

Mesmo assim, a doutrina do "idealismo" (só existem "ideias") não resiste à navalha de Occam – assumir que existe realmente um mundo exterior que provoca, que causa nossas vivências, em vez de uma deidade para lá de ocupada, seria uma explicação bem mais simples.

Hume e o empirismo ceticista

David Hume (1711-1776), uma das principais figuras do Iluminismo na Escócia, e que tinha tido contato com os *filósofos* franceses que lideravam o movimento, era ateu e mordaz com relação aos argumentos tradicionais da teologia que pretendem "provar" a existência de Deus. Empirista convicto, ele também era extremante cético quanto às asserções feitas pelos racionalistas a respeito do poder e da extensão da razão humana. A exemplo de Berkeley, ele era um tanto quanto filósofo da filosofia, pois muitas da suas ideias eram mais técnicas que outra coisa, mas ainda assim importantes para a filosofia moderna.

Hume reconhecia a traqueza fundamental da **indução** como fonte de conhecimento, contra empiristas como Bacon, que acreditavam que a indução era a base de toda ciência.

Hume só estava dizendo que as descobertas da ciência baseadas na observação precisam ser sempre entendidas como conjecturas e temporárias. A indução jamais pode dar a mesma certeza que a lógica.

O problema da causalidade

Hume foi o primeiro filósofo a explicar o que é a causalidade. Pensadores medievais, como Tomás de Aquino, acreditavam firmemente na causalidade – pois ela provaria a existência de Deus. Hume analisou o conceito de "causa" e descobriu que ele não passa de crença humana baseada em experiências passadas. Todo mundo prefere pensar que todos os acontecimentos têm uma causa.

Elas se baseiam na indução – nossas observações passadas de máquinas, plantas e planetas –, mas nenhuma delas está ligada a qualquer certeza absoluta.

Hume também admitiu que não é possível **provar** crenças ou convicções morais. O conceito de "maldade" não é algo que se possa ver. Podemos provar coisas como "Sócrates é mortal", com base no fato de todos os homens serem mortais e Sócrates ser homem.

Ceticismo moral

A concepção de Hume sobre a filosofia moral é por vezes chamada de "subjetivismo". É a convicção de que proposições morais como "Hitler era um demônio" só se referirem a sentimentos subjetivos de uma pessoa ("eu não gosto de Hitler"). Para Hume, não existem convicções ou crenças humanas que possam ser "provadas", e a "razão" é supervalorizada. Apesar de ser um filósofo radical, ele tinha convicções pessoais conservadoras, que o levaram a sugerir que os seres humanos só podem ser felizes se contarem com seus sentimentos naturais de compaixão pelo outro e respeitarem todas as tradições sociais.

E, o que é mais inquietante, ele também tinha dúvidas sobre a existência do eu, já que não é possível detectá-lo: "Sempre que questiono o que chamo de eu [mesmo]..., eu tropeço em uma ou outra percepção..., mas eu nunca consigo captar, agarrar a mim mesmo, em nenhum momento, sem a percepção".

O primitivo estado de inocência de Rousseau

Voltaire era um grande admirador dos escritos de Locke sobre os chamados "direitos naturais". Locke defendia a tese de que seguramente os indivíduos têm alguns direitos inalienáveis, como o direito à propriedade, liberdade de consciência e de expressão, e até mesmo o direito de se revoltar contra governos e leis injustos. Mas foi o suíço **Jean-Jacques Rousseau** (1712-1778), um pré-romântico, quem se transformou no pensador político mais importante do final do século XVIII. Rousseau não aceitava a doutrina hobbesiana de que o ser humano é malvado por natureza.

Essas necessidades artificiais estimularam a ganância artificial. É por isso – segundo Rousseau – que as pessoas da era pré-social eram como crianças e selvagens, moralmente superiores. Ele pregava uma "volta à Natureza", o que acabou influenciando o movimento cultural conhecido como romantismo.

A vontade geral

Pior ainda, Rousseau acreditava que as leis da sociedade deveriam ser a expressão do que chamou de "vontade geral", que sempre estaria certa. Nunca ficou claro como isso aconteceria nem quando isso deveria ser executado. Infelizmente, situações revolucionárias sempre produzem idealistas e oportunistas ferrenhos, dispostos a se declarar a própria encarnação dessa entidade abstrata, que passam a impor com violência aos demais.

A resposta de Kant a Hume

Immanuel Kant (1724-1804) era um professor solteirão meticuloso e tão metódico que os moradores de Könisberg acertavam os relógios em função da rotina diária de Kant, ou seja, pelo horário em que ele passava por determinados lugares. Ele tinha um empregado chamado Lampe, que andava atrás dele segurando um guarda-chuva, aonde quer que ele fosse, só para o caso de ser necessário. Kant declarou ter despertado do sono racionalista no qual tinha estado mergulhado lendo Hume. Mas não concordava com a asserção de Hume de que nós acreditamos na causalidade porque somos doutrinados por nossas experiências passadas sobre o mundo.

Kant disse que o ser humano “vê” causalidade no mundo porque ele é feito desse jeito. Ele foi o primeiro filósofo a mostrar que nem os racionalistas nem os empiristas estavam completamente corretos.

As estruturas mentais precedem a experiência

Em sua ***Crítica da razão pura*** (1781), Kant demonstrou como o uso da razão, para estabelecer "verdades" metafísicas, sempre produz contradições. E, em seguida, demonstrou como nós adquirimos conhecimento sobre o mundo. A mente humana é ativa, e não um recipiente que recebe informações passivamente. Quando olhamos para o mundo, nós o "constituímos" de modo que ele faça sentido. Alguns dos conceitos que aplicamos às nossas experiências veem efetivamente de nossas experiências passadas, mas as mais importantes **precedem** a experiência. Elas são ***a priori*** – anteriores à nossa experiência, por isso foram chamadas de inatas (nós já nascemos com elas). Como as noções de tempo e espaço, por exemplo.

Hume afirmava que construímos gradualmente nosso aparato conceitual feito de nossas experiências. Kant replicou que, a menos que tenhamos uma espécie de aparato conceitual mental para dar início ao processo, nenhuma experiência seria jamais possível. Ou seja, ele foi o que poderíamos chamar de **idealista** sofisticado. "Pensamentos sem conteúdo são vazios, intuições sem conceitos são cegas."

Mundo fenomenal e mundo noumenal

De modo ainda mais fundamental, todas as nossas experiências precisam ser incentivadas por meio das "formas da intuição" – tempo e espaço. Assim, em certa medida, nossa vivência do mundo é nossa própria criação, pois é organizada por nós. Mas, apesar disso, são limites rigorosos de como e o que nós vivenciamos. Não podemos escolher o "input" que os nossos órgãos dos sentidos nos dão, e não podemos mudar o jeito como a nossa mente é concebida.

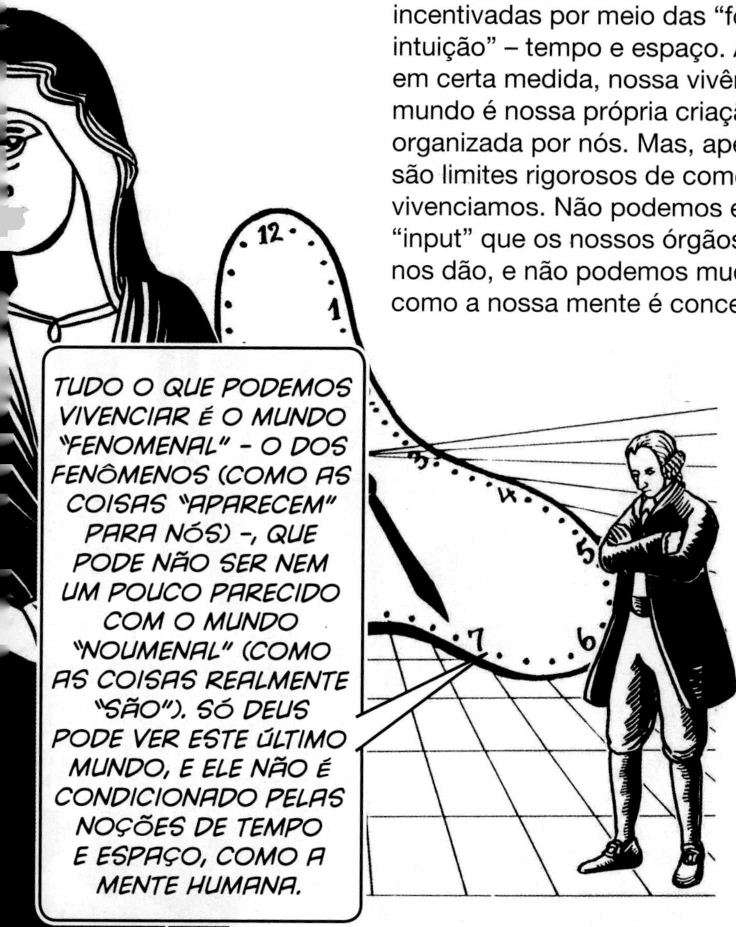

Kant chegou à conclusão de que a ciência humana combina com o mundo dos fenômenos (também chamado de **mundo fenomênico)** e que a religião permanece no domínio do desconhecido mundo do noumenal (também chamado de **mundo noumênico**) – o que faz que ciência e religião não entrem em conflito uma com a outra. Mas, se tudo o que conseguimos vivenciar é o mundo fenomenal, como é que podemos confiar na existência do mundo noumenal?

O imperativo categórico

Kant defendia a tese de que, diferentemente dos objetos materiais, nós, seres humanos, podemos escapar do mundo da causalidade. Precisamos ter vontade própria e escolhermos ser seres morais. "Dever implica poder."

Se quisermos ser virtuosos, temos de fazer o que deve ser feito e ignorar nossas inclinações, nossos desejos [naturais]. Ser uma pessoa moral significa **não** fazer o que vem naturalmente [como impulso], e em geral isso envolve uma luta interna contra nossos maus desejos. Fazendo uso da razão, podemos descobrir qual é nosso dever – obedecendo a um conjunto de regras obrigatórias, de **imperativos categóricos**. Kant afirmou que "toda pessoa só deveria agir de modo que cada ação pudesse ser transformada em lei universal".

Assim, mentir é irracional e por isso errado. Kant acreditava em Deus e achava que a religião possibilita a pessoas comuns que o mundo faça sentido, quando muitas vezes ele parece imoral. Mas talvez haja mais moral do que sempre obedecer a um conjunto de leis morais obrigatórias, independentemente das circunstâncias individuais. Podemos pensar em ocasiões nas quais mentir é a única coisa moral que pode ser feita.

A dialética hegeliana

Georg Wilhelm Friedrich Hegel (1770-1831) era de opinião – talvez com certo exagero – que só o próprio sistema filosófico conseguiria revelar as verdades fundamentais sobre toda a realidade e toda a história humana. A filosofia de Hegel é de tirar o fôlego e escrita em um jargão hegeliano abstrato, o que a torna difícil de entender.

Até Hegel entrar em cena, para os filósofos Aristóteles tinha inventado a lógica e pronto!

Ideias nascem e evoluem gradualmente na direção de um melhor sentido e de uma maior compreensão da realidade, em um processo por ele chamado de **dialética**.

Lógica dialética

A história sempre lutou entre diferentes conceitos, que pretenderam ser – cada um e todos eles – a melhor descrição da realidade. Mas um conceito, ou tese, vai sempre gerar automaticamente uma **tese** contrária, a **antítese**, e então vai acontecer a famosa luta entre as duas. Isso até que ocorra uma **síntese** das duas, ou seja, um conceito melhorado.

Esse é um balanço evolucionista e religioso sobre a mente e a civilização humanas, no qual ambas passam por vários estágios, até que o "espírito absoluto" e a harmonia social sejam alcançados. O estudo da história, na visão de Hegel, poderia ajudar a fazer uma superdescoberta, de preferência a mente de Deus.

O conhecimento e a consciência humanos

A metafísica hegeliana trata da natureza mesma do pensamento. Para Hegel, a filosofia tinha se tornado demasiado estreita, reducionista, focando somente questões técnicas sobre o conhecimento. Segundo ele, a filosofia precisava dar mais atenção ao processo histórico da cultura e do pensamento humanos. Como Kant, ele era um “idealista”, por isso concordava com seu antecessor quanto a nós nunca conhecermos o mundo diretamente por meio dos nossos sentidos, mas sempre de um jeito que conta com a mediação, com o filtro do nosso espírito: da nossa mente, da nossa consciência. Mas Hegel foi mais longe, levou essa concepção ainda mais adiante.

A própria consciência nunca é estática, congelada, pois está sempre mudando e desenvolvendo novas categorias e conceitos, que determinam como nós vivenciamos o mundo. O que faz que o conhecimento sempre seja contextualmente dependente e sempre o resultado de uma série de posições conflitantes.

Conhecimento relativo e absoluto

Qualquer ponderação filosófica sobre o que venha a ser "objetivo", no sentido de oposto a "subjetivo", é inteiramente enganoso. Os filósofos jamais serão capazes de produzir algo do gênero "verdade filosófica absoluta", pois ideias são algo que muda o tempo todo, por definição. O conhecimento é um processo cultural e histórico dinâmico, e não alguma coisa fora do tempo, estática, à espera de ser descoberta. Essas afirmações – de que não pode haver nem verdades nem fatos objetivos estáveis, em uma dialética que muda sem parar – fazem Hegel soar como um profeta do pós-modernismo. Mas, apesar disso, ele acreditava que esse movente processo dialético deveria culminar em um estágio final, no qual os seres humanos atingiriam o "conhecimento efetivo, verdadeiro, daquilo que realmente é".

Hegel também foi autor de uma nova e profunda maneira de pensar a consciência individual e a liberdade pessoal.

Povos orientais, persas, gregos, romanos e sociedades medievais infringiram severas limitações à liberdade pessoal. Para Hegel, a Alemanha protestante tinha chegado a um ponto, a um estágio no qual a individualidade pessoal e a liberdade haviam sido conquistadas por meio da interação entre os indivíduos e a sociedade na qual eles viviam.

O estado e o fim da história

Hegel referia-se à Prússia autocrática, na qual ele mesmo vivia, e via nela uma espécie de "superpessoa" que tinha atingido o estágio final da evolução. Ele e seus compatriotas seriam só uma pequena amostra dessa entidade maior, da qual teriam adquirido esse status de identidade e moral.

Hegel estava sinceramente convencido de ter completado o trabalho de Kant, ao ter produzido essa concepção do conhecimento absoluto que permitiria falar em "fim da história". Seu processo dialético determinista chegaria ao fim quando o "espírito" que – segundo ele – guia toda a realidade e a razão humana fosse finalmente revelado. O processo para atingi-lo seria necessariamente árduo e difícil, porque envolve o conflito incessante entre forças históricas gigantescas e muitas vezes implacáveis. É inegável que esse foi realmente o caso na Europa a partir de 1807, ano da primeira edição da ***Fenomenologia do espírito***. Atualmente, parece bem pouco provável que a história da humanidade possa ter um destino "previsível", ou um objetivo último, seja ele hegeliano ou de outro tipo qualquer.

O conceito de vontade de Schopenhauer

Um pensador contrário às ideias hegelianas foi **Arthur Schopenhauer** (1788-1860). Segundo ele, a crença de Hegel de um fim feliz para a história da humanidade era a divagação de um "charlatão estúpido e desastrado". Como também era idealista, Schopenhauer estava convencido de que os seres humanos só podem vivenciar os fenômenos do mundo, nada mais. Mas, para ele, esse mundo fenomenal era uma ilusão, sempre controlado pelo desejo. O desejo, segundo ele, comanda diretamente tudo o que vive, incluindo os seres humanos.

Os seres humanos preferem pensar que suas próprias vidas têm algum tipo de significado superimportante, mas a única coisa que existe, para eles, é a urgência de satisfazer novos desejos. Os diferentes desejos individuais entram inevitavelmente em conflito, e isso é o que produz o sofrimento humano.

Um jeito de conseguir fazer isso é recorrer a atividades artísticas contemplativas; outro é levar uma vida abnegada de asceta. Schopenhauer foi o primeiro grande filósofo ocidental a sofrer a influência do budismo. Suas ideias, que atualmente já não têm a importância que tiveram, causaram um grande impacto em figuras importantes como o compositor alemão **Richard Wagner** (1813-1883) e **Nietzsche**, um filósofo ímpar.

Nietzsche: o anticristo

Friedrich Nietzsche (1844-1900), apesar de ter recebido uma rigorosa educação luterana (protestante), como muitos outros filósofos alemães, tornou-se hostil ao cristianismo e rejeitava categoricamente as crenças em qualquer tipo de mundo “transcendente” ou “noumenal”.

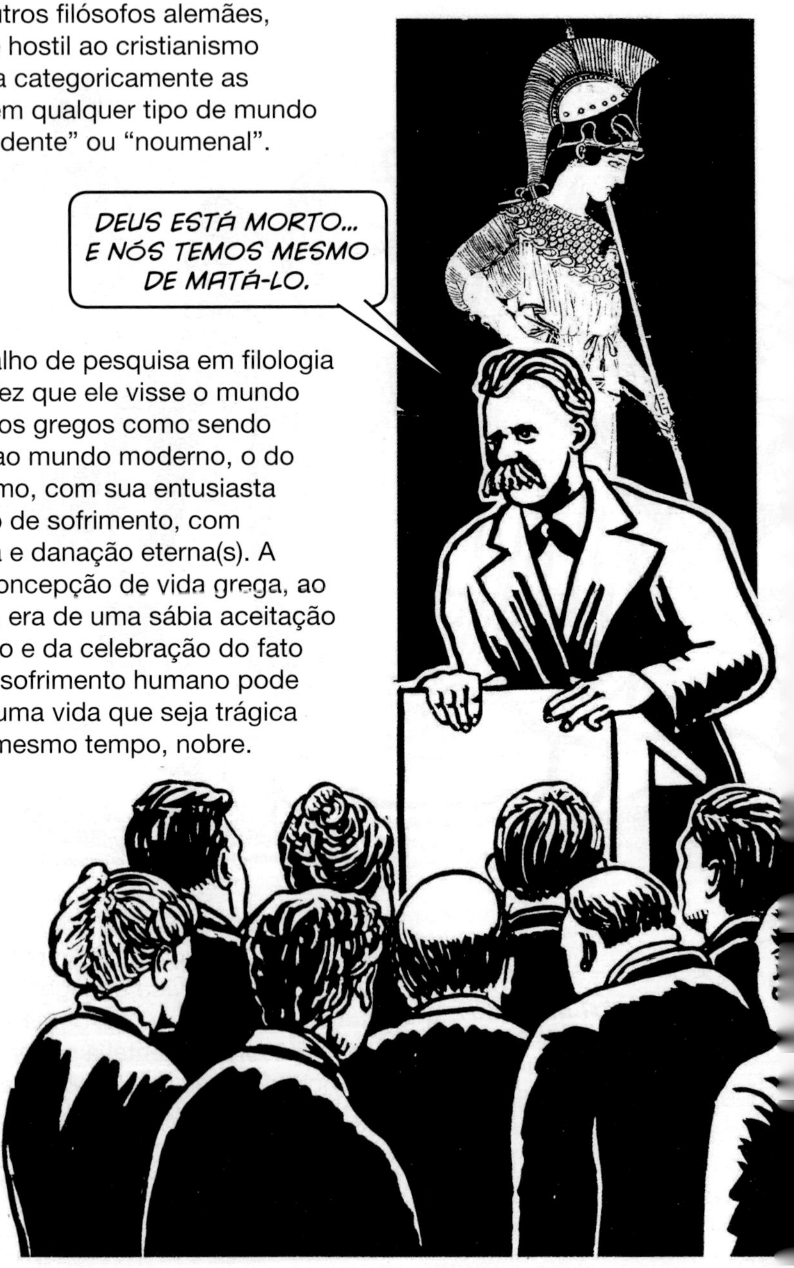

Seu trabalho de pesquisa em filologia clássica fez que ele visse o mundo dos antigos gregos como sendo superior ao mundo moderno, o do cristianismo, com sua entusiasta aceitação de sofrimento, com sua culpa e danação eterna(s). A criativa concepção de vida grega, ao contrário, era de uma sábia aceitação do destino e da celebração do fato de que o sofrimento humano pode produzir uma vida que seja trágica mas, ao mesmo tempo, nobre.

Para além de Deus e do diabo

Como muitos outros filósofos antes dele, Nietzsche se preocupou com a definição do que seria a natureza humana. Para ele, era um erro fazer generalizações sobre os seres humanos, porque isso os reduzia a uma falsa "natureza comum" [a todos]. Ele profetizou que o capitalismo moderno e o progresso tecnológico só produziriam um mundo burguês, de medíocres "últimos homens", no sentido de o mais baixo na escala de valores.

A cultura judaico-cristã favorece a fraqueza e a banalidade, a mediocridade, ao passo que o *Übermensch* – citado formalmente pela primeira vez em seu incomparável **E assim falou Zaratustra** (1883) – não aceitaria "a moralidade de manada, de escravos" e olharia "para além" das noções tradicionais de Deus e de diabo, olharia para algo mais radical e individualmente criativo – a "vontade de poder". Não "vontade de potência", mas sim vontade de poder fazer, poder criar, conseguir.
Apesar de essa noção de *Übermensch* de Nietzsche não ter nada a ver com superioridade de classe ou de raça, ela era sem dúvida sexista. Mas há quem diga que sua noção de "**vontade de poder**" foi depois transviada para inspirar a doutrina antissemita do nazismo.

Precursor da pós-modernidade

O ceticismo radical de Nietzsche não aceita que possam existir fatos ou regras morais baseados na "razão" – somente preconceitos e parcialidades contemporâneos que atendem às necessidades humanas. Todo o conhecimento conceitual se baseia em generalizações determinadas por ideologias e sistemas de classificação de cada época, o que provocam inevitavelmente o individualismo e a particularização. A grande maioria das ditas "verdades" eternas não passa de convicções temporárias e úteis, que vão mudando conforme a história avança, com o passar do tempo.

Nietzsche foi o grande precursor do pós-modernismo, ou seja, da nossa época. Sem ele não teríamos tido Wittgenstein (ver p. 138) nem Derrida (ver p. 162) – o desconstrutivismo e as armadilhas da linguagem. ("Nós jamais conseguiremos nos livrar de Deus, enquanto não conseguirmos nos livrar da gramática.") A própria teoria do conhecimento de Foucault (ver p. 166) deve enormemente às ideias de Nietzsche sobre genealogia e vontade de poder.

Eterno retorno

Nietzsche também propôs uma "ciência alegre", divertida: a do eterno retorno. Essa ideia tinha sido sugerida por um dos pré-socráticos, Heráclito, que defendia a tese de que o tempo é cíclico, repetindo-se eternamente. Essa foi a sutil crítica de Nietzsche ao moralista imperativo categórico de Kant e à tenebrosa visão de Schopenhauer sobre o desejo ser a causa do sofrimento. O eterno retorno é um critério para cada um julgar o valor e os valores da própria vida.

Nesse sentido, a vida humana deixa de ser julgada em vista de um fim, como no cristianismo, mas de modo positivo, como uma escolha feita a cada momento. A ideia de Nietzsche de escolha presente que confirma e afirma o valor da vida, da existência humana, faz dele, também, o precursor do existencialismo.

O existencialismo cristão de Kierkegaard

O filósofo dinamarquês **Søren Kierkegaard** (1813-1855) não concordava com a visão kantiana de que a crença religiosa e a moral poderiam ter como base a razão. Para ele, a fé era algo totalmente irracional e completamente indemonstrável. Ele também falou contra o processo dialético hegeliano fundamentado no conceito cristão do "dois/e" – uma espécie de "dois em um" – que engole as pessoas em sua individualidade, ignorando suas necessidades e realidade pessoais, para fazer um grande e único conjunto de decisões de "ou/ou".

O assunto que mais interessava e preocupava Kierkegaard era o problema da existência. Por isso é que a filosofia dele é considerada precursora do existencialismo. A maioria das pessoas simplesmente ignora questões que dizem respeito ao significado de suas próprias vidas, e prefere se refugiar em uma espécie de mundo feito de rotina impessoal. Para Kierkegaard, isso não era o bastante.

O salto da fé

Para Kierkegaard, isso significava tornar-se um cristão engajado, dando o "pulo da fé", porque é impossível conhecer efetiva e essencialmente as crenças centrais do cristianismo. Ele concluiu que podemos escolher viver primordialmente uma vida moral, uma vida de asceta, ou uma vida *religiosa*. Ele ficou com a última opção.

Uma pessoa se torna cristã diante de uma "incerteza objetiva" de que Deus não pode ser provado. Isso não tem nada a ver com a "cristandade pública" da sociedade luterana na qual ele vivia e que o criticava duramente. A fé dele era irônica, brincalhona e apaixonada. Além disso, ele escrevia como um novelista, usando vários pseudônimos, contrariando o jeito seco e abstrato de filosofar.

Do idealismo ao materialismo

Por mais de oitenta anos, o pensamento idealista alemão defendeu a tese de que o mundo era feito de ideias, mesmo que houvesse desacordos sobre a natureza dessas ideias e sobre como as pessoas as conheciam. **Ludwig Feuerbach** (1804-1872) foi uma personagem-chave na mudança que produziu uma nova concepção da visão hegeliana de **alienação**. Segundo Hegel, a consciência progride estabelecendo diferenças que contrariam a ela mesma, e em seguida tenta, pela intuição, ultrapassar essa contradição ou autoalienação. Como consequência, já que é assim que a mente avança e progride, então o erro da religião torna-se óbvio.

Tempos depois, ele mudou de um "hegelianismo de esquerda", crítico da ilusão religiosa, para um **materialismo** radical : "Você é o que você come", afirmou ele, querendo dizer que o aspecto material vem antes, e que as ideais são secundárias. Esse casamento feito por Feuerbach, entre hegelianismo e materialismo, abriu caminho para Marx.

Marx e o materialismo dialético

Karl Marx (1818-1883) começou sendo um hegeliano de esquerda, mas desenvolveu um novo modelo dialético materialista da história. Sua filosofia é uma mistura original de idealismo alemão com economia política britânica e socialismo francês.

A dialética de Hegel transformava a história da humanidade em um percurso progressivo que ia incorporando liberdades humanas, culminando na liberdade absoluta do Estado prussiano. Para Marx, com isso Hegel estava cometendo um tremendo erro, ou seja, "a consciência não determina a vida, mas o contrário: a vida é que determina a consciência. O pensamento não cria e não pode criar a realidade; mas realidades econômicas podem determinar como as pessoas pensam".

Para Marx, a história é uma história de conflito dialético constante, mas não entre as abstratas ideias hegelianas, e sim entre todas as classes sociais e forças econômicas, todas elas bem reais. Por causa dessa visão é que o pensamento marxista é chamado de **materialismo dialético**. Segundo ele, primeiro essa luta histórica aconteceu entre escravos e senhores, depois entre servos e senhores feudais; e, na sociedade moderna, a guerra econômica ocorre entre a burguesia – que é dona do capital e dos meios de produção – e o proletariado, os operários que trabalham nessa indústria e assim vendem sua força de trabalho. Marx dizia que de todo jeito essa guerra dialética acabaria em uma revolução operária internacional, transformando a sociedade humana e a história.

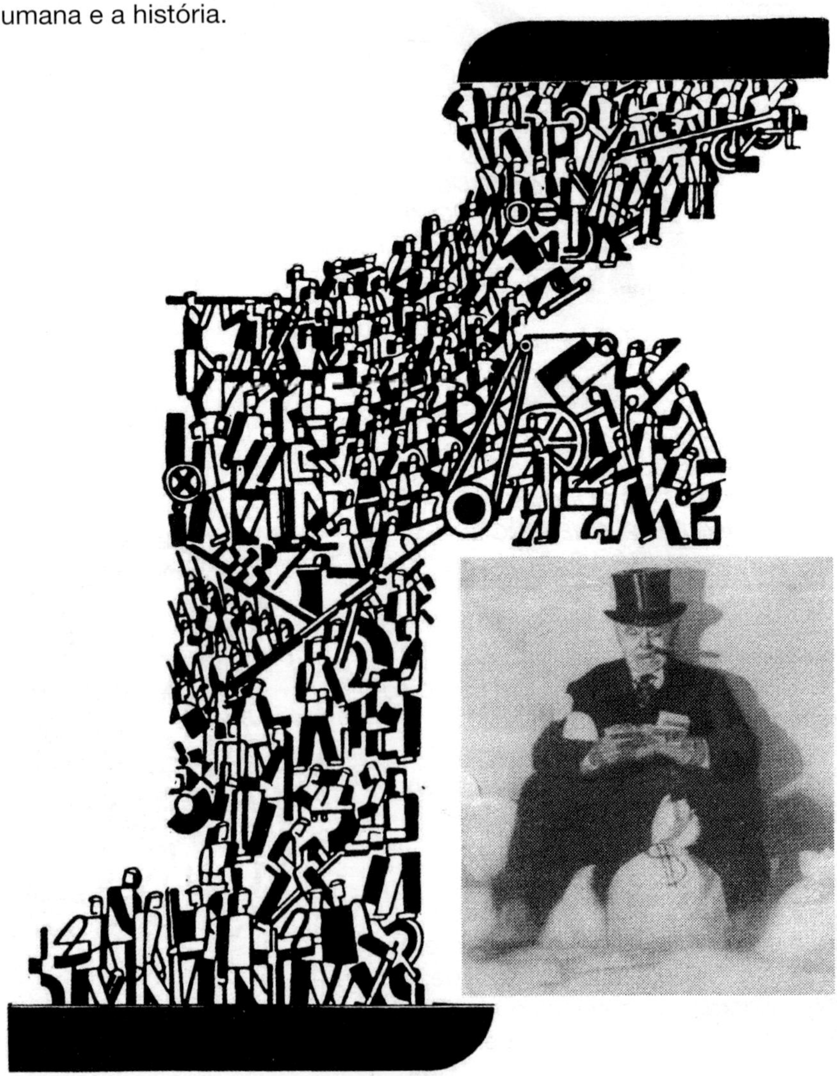

Uma filosofia econômica

Marx acreditava no determinismo econômico, ou seja, que todas as crenças e atividades humanas, incluindo a religião e a filosofia, sempre foram produzidas por forças materiais. Para ele, a **base** econômica de todo sistema de relações econômicas e de forças produtivas sempre determinará e dirigirá a **macroestrutura** de suas instituições legais, políticas e culturais. A função primordial dessas instituições é segregar e disseminar a **ideologia**. Isso quer dizer que potencialmente todo mundo, tanto os capitalistas como suas vítimas, sofrem de "falsa consciência" – a incapacidade de perceber que uma classe social está explorando outra.

Mais-valia

A teoria do valor-trabalho proposta pelo economista **David Ricardo** (1772-1823) dizia que o valor das mercadorias é diretamente proporcional ao número de horas de trabalho que elas exigiram. Marx foi além. Para ele, isso significava que os donos do capital ($) exploravam a força de trabalho, a mão de obra, roubando as horas a mais trabalhadas – o que ele chamou de mais-valia de tudo o que era produzido.

Os operários são os verdadeiros produtores de riqueza, mas eles são **alienados** do que produzem – eles não percebem que na verdade essa riqueza pertence a eles. "O trabalho de muitos se transforma no capital de uns poucos privilegiados."

O fim do capitalismo

Graças a outro economista, **Adam Smith** (1723-1790), a maior parte dos europeus do século XIX via o capitalismo como algo inevitável, ou então como um presente divino. Marx era de opinião que sua abordagem científica da economia previa a inevitável implosão final do sistema capitalista. A riqueza ficaria concentrada nas mãos de uma minoria, enquanto a maioria da população continuaria pobre.

E então haveria uma revolução e nasceria uma sociedade comunista, na qual todos dariam de acordo com suas habilidades e receberiam de acordo com suas necessidades. Ou seja, cada um daria o que pudesse e receberia aquilo de que precisasse.

O profeta Marx

Marx sempre afirmava que não era “marxista”. Apesar de levar a si mesmo e suas ideias muito a sério, ele não gostava de ser visto por seus discípulos como sendo um profeta infalível. Atualmente, os economistas já não estão nem um pouco convencidos de que a teoria marxista possa ser transformada em “ciência”, com a respectiva capacidade de previsão inabalável. Muitas das previsões de Marx revelaram-se completamente erradas.

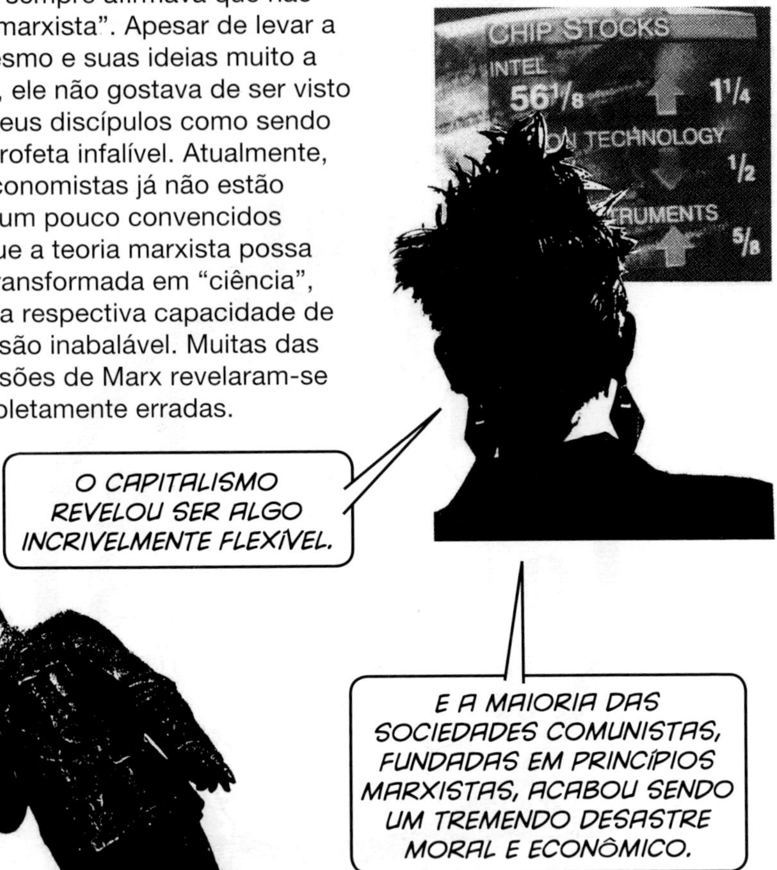

O pensamento de Marx não explica muito bem sobre como a base econômica da sociedade produz a superestrutura política e cultural. Alguns marxistas, como **Herbert Marcuse** (1898-1979), integrante da chamada “Escola de Frankfurt”, defendiam a tese de que, na verdade, a tal “superestrutura” tem vida própria.

Ideias podem ter um papel tão importante quanto a economia, no que diz respeito a influenciar o pensamento humano e a história, o que significa que afinal de contas Hegel tinha certa razão. Outros filósofos e ativistas “pós-marxistas” concordavam com isso, como por exemplo **Antonio Gramsci** (1891-1937), que sugeriu que as pessoas consideram “naturais” as construções ideológicas de seu mundo social e político.

Roland Barthes (1915-1980), um pós-estruturalista, mostrou posteriormente de que modo essa “naturalização” opera.

Utilitarismo: a ciência moral

Na mesma época em que Marx passava horas e horas na biblioteca do Museu Britânico, em Londres, surgia na Inglaterra uma espécie de filosofia ateísta e materialista batizada de utilitarismo. Ela foi criada por **Jeremy Bentham** (1748-1832) e mais tarde aprimorada por **John Stuart Mill** (1806-1873). Ao contrário de Marx, os dois ingleses eram de opinião que não havia nada de intrinsecamente errado com o capitalismo – ele era inevitável e bom.

Bentham era um advogado excêntrico interessado na relação entre moralidade e lei.

Por pensar assim, ele tratou de construir um sistema político e ético baseado naquilo que chamou de definição "científica" da natureza humana.

Todos os seres humanos são organismos de dor-e-prazer. Assim sendo, a filosofia moral e política deveria tratar de aumentar o prazer humano e diminuir a dor.

Bentham acreditava sinceramente que a "felicidade" podia ser quantificada e cientificamente mensurada, e que dessa forma a questão moral e política podia ser "resolvida". Isso foi chamado de "cálculo da felicidade (o grau de felicidade que uma ação específica causa)". Ele também estava convencido de que o sistema capitalista é o mais adaptado a produzir as maiores quantidades (medidas) de felicidade material.

Felicidade coletiva

Como um meio de organizar as prioridades de um governo democrático e populista, é claro que o utilitarismo faz sentido. Dar às pessoas o que elas querem ou, pelo menos, o que o governo acha que elas querem. Isso incentivou ideais vitorianos de utilidade pública, como, por exemplo, providenciar uma rede de esgotos e construir hospitais e escolas, porque esse tipo de coisa produz alegria. Bentham também achava que o governo deveria castigar os preguiçosos enviando-os para casas de caridade, e os criminosos, para prisões em que seriam vigiados o tempo todo de uma torre de controle central.

A tirania da maioria e o pluralismo

John Stuart Mill tentou modificar a doutrina original de Bentham. A preocupação dele era que o utilitarismo acabaria se transformando automaticamente em uma "tirania da maioria". Se a maioria achasse que só poderia ser feliz se severas medidas fossem aplicadas contra grupos minoritários, como os ciganos ou os integrantes e viajantes de grupos "alternativos", então o governo teria de aplicá-las.
O utilitarismo não é o melhor caminho para a garantia dos direitos humanos. E como ele pressupõe que deva existir uma espécie de agência central que faça a distribuição das cotas de felicidade, isso faria que governos centralizadores e seus burocráticos escalões e tentáculos se tornassem poderosos demais.

Isso perturbava Mill. Em seu ***A liberdade*** (1859), ele defendeu a tolerância para com as ideias e o modo de vida das minorias, contanto que não prejudicassem as outras pessoas.

Mill também parecia ser de opinião que os fundamentos da teoria utilitarista de Bentham eram, eles mesmos, bem maliciosos e astutos. Isso porque, mesmo que biologicamente o ser humano seja programado para correr atrás da própria felicidade, que incentivo o utilitarismo dá para que as pessoas se preocupem e ajam no sentido de também propiciar a felicidade alheia?

Origens do pensamento norte-americano

Os Estados Unidos são uma invenção europeia, em parte porque sua Constituição se baseia nos princípios filosóficos do Iluminismo. Depois da guerra de independência (1774-1781), os chamados "pais fundadores" tiveram de decidir qual seria o futuro político da nação. Discutia-se muito o papel do governo central e até onde iria seu poder. Na verdade, um grande número de políticos não confiava nas instituições democráticas. Mas outros, como **Thomas Jefferson** (1743-1826) e **Benjamin Franklin** (1706-1790), levavam as ideias europeias sobre filosofia e política muito a sério, e a posição deles acabou se impondo. Os Estados Unidos se tornaram uma república democrática.

O não governo é o melhor governo

Um dos primeiros filósofos norte-americanos dizia que a liberdade e a felicidade são mais fáceis de alcançar sem a ajuda de qualquer governo. Ele se chamava **Henry David Thoreau** (1817-1862). Thoreau viveu por dois anos, dois meses e dois dias afastado do convívio social. Ele se isolou em uma cabana rústica à beira de um lago, em Massachusetts, e ali escreveu Walden (1854), um livro que exaltava as tranquilas belezas da vida em um ambiente natural e recomendava uma vida simples.

Certo dia, no ano de 1846, Thoreau saiu da cabana e foi à cidade para mandar remendar um sapato. Infelizmente, ele foi visto por um policial, que exigiu dele o pagamento da taxa de capitação (o imposto por cabeça). Thoreau estava convencido de que seus impostos seriam usados para financiar a guerra contra o México e a política escravagista do governo, por isso se recusou a pagar a taxa. Resultado: foi preso e passou uma noite na prisão. Depois disso, escreveu um texto profundamente romântico e anarquista chamado **Desobediência civil**.

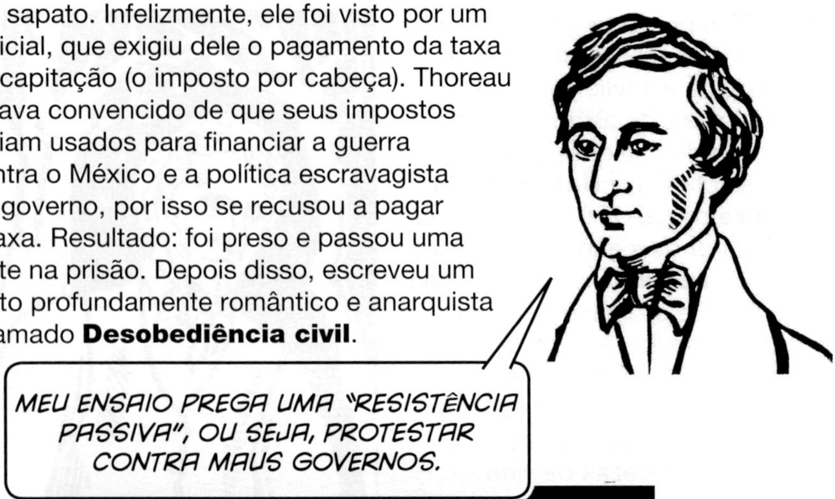

A nobre tradição de desrespeito ainda continua sendo praticada até hoje. Muitos norte-americanos respeitáveis como **Noam Chomsky** (1928-) acreditam na prioridade da consciência individual sobre a autoridade do governo, e sabiamente se mantêm na posição de desconfiar de grandes corporações e agências estatais que em grande escala definem o que o país é internamente, além de sua política estrangeira. Os *beatniks* e os hippies são grupos "alternativos" que podem ser classificados como pertencentes a essa dissidência defendida por Thoreau.

Emerson: o conhecimento está além

Thoreau não desenvolveu suas ideias sobre a consciência individual vivendo como um eremita, em esplêndido isolamento rural. Ele fazia parte de um movimento literato e filosófico norte-americano chamado **transcendentalismo**. Quando a filosofia passa a ter uma etiqueta de "transcendente", em geral é porque invoca alguma verdade de tipo superior, com pretensões de ter o estatuto de verdade – alguma coisa que estaria para além da experiência sensível do ser humano, e só passível de ser alcançada por meio da razão ou da intuição. As "formas" de Platão e as especulações da teologia medieval sobre a natureza de Deus são exemplos disso. Para Kant, esse conhecimento transcendental é impossível de ser alcançado, apesar de existir um tipo de conhecimento transcendental, o das categorias e intuições, que torna a experiência humana possível.

O transcendentalismo de **Ralph Waldo Emerson** (1803-1882) foi uma mistura única e bem esquisita de platonismo, Kant, hinduísmo, idealismo alemão e romantismo inglês. Era para lá de místico e enfatizava a primazia da **intuição** e da consciência individual sobre a autoridade da religião organizada e formal.

Transcendentalistas como Emerson e Thoreau defendiam pontos de vista panteístas sobre a beleza do mundo natural, uma beleza que existe, segundo eles, como resultado da divindade que mora em cada coisa (uma concepção filosófica que hoje dia não tem nada de transcendente). Emerson sugeriu que o objetivo maior da vida humana é a união com o que chamou de "supra-alma" – uma entidade amorfa, de certa forma aparentada ao monismo de Spinoza e ao "Espírito absoluto" de Hegel. O transcendentalismo é um estranho amálgama derivado de vários elementos da tradição literária e filosófica europeia (do Leste também), que na realidade foi mais um fenômeno literário e social – interessante, é bem verdade – do que uma filosofia.

No fim da vida, Emerson trabalhou ativamente pela causa abolicionista e fez vários discursos contra a escravidão, percorrendo os estados nortistas dos Estados Unidos. A influência positiva desses dois pensadores sobre a vida política e cultural norte-americana foi imensa. "Quem for Homem deve obrigatoriamente ser não conformista."

Pragmatismo

Mas a filosofia norte-americana libertária mais importante e autêntica foi o **pragmatismo**. **Charles Sanders Peirce** (1839-1914) e **William James** (1842-1910) eram ambos empiristas radicais, e por isso ligeiramente hostis à especulação metafísica que o transcendentalismo gerava. O pragmatismo rejeitava tanto as visões filosóficas empiristas como as racionalistas, sobre o conhecimento ser uma espécie de experiência mental particular. Segundo essa linha de pensamento, todo o conhecimento humano deveria ser entendido como uma resposta adaptativa ao meio que nos cerca, pela habilidade que nosso entendimento tem de resolver problemas.

C. S. Peirce

O pragmatista [ou *pragmático*, termo que evitamos porque pode dar margem a mais de uma interpretação] mais importante foi sem dúvida C. S. Peirce. Só muito recentemente passou-se a considerar que ele sozinho preparou o terreno para a filosofia do século XX. Como Thoreau, ele nunca foi realmente membro integrante da respeitável sociedade norte-americana. Em vida, não conseguiu publicar nenhum livro e viveu recluso a maior parte da vida. Morreu na pobreza. Na juventude, foi físico prático e fez importantes descobertas no domínio da geofísica. Também fez contribuições significativas à lógica formal e à filosofia da ciência. Sua radical filosofia empirista antecipou as concepções da lógica positivista, como veremos.

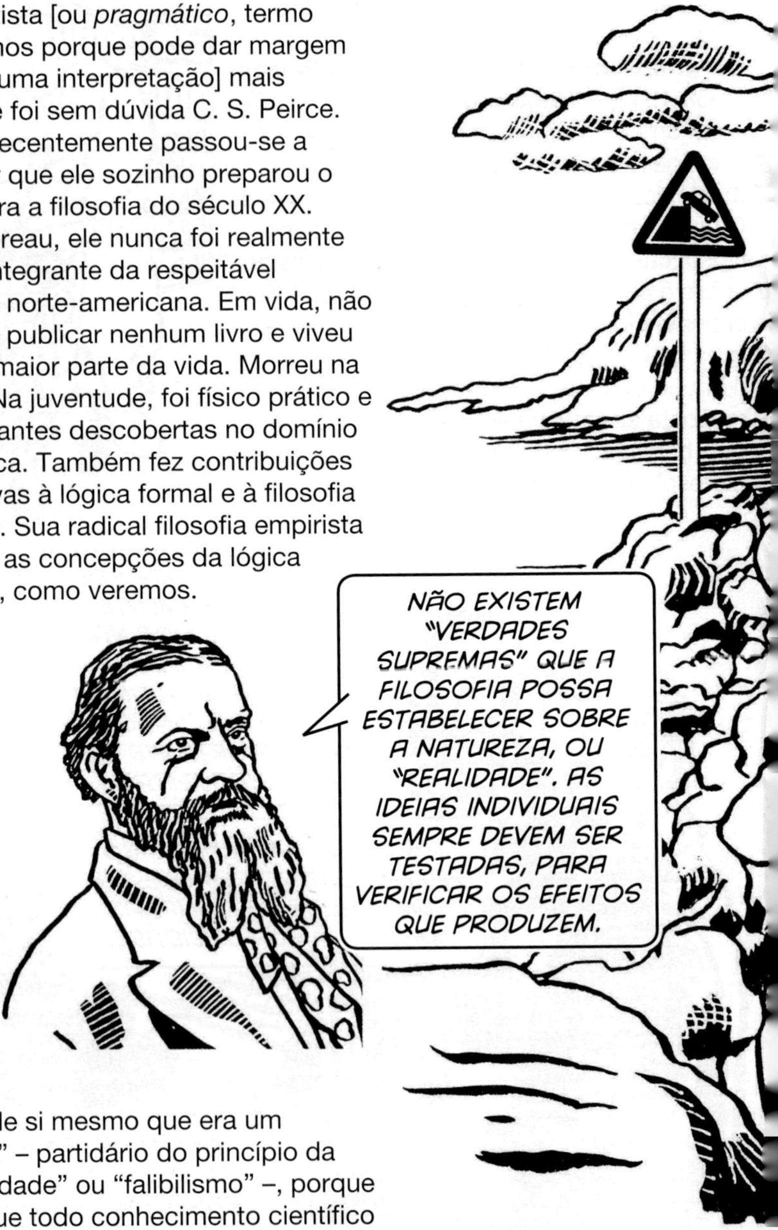

Ele dizia de si mesmo que era um "falibilista" – partidário do princípio da "falseabilidade" ou "falibilismo" –, porque admitia que todo conhecimento científico que o ser humano pode gerar é sempre provisório. Com essa noção por ele criada, antecipou o "falsificacionismo" de **Karl Popper** (ver p. 150).

Semiótica

Mais importante ainda, pode-se dizer que ele praticamente inventou a semiótica – teoria dos sinais, ou signos –, uma disciplina crucial para o desenvolvimento do estruturalismo e do pós-modernismo do século XX. Peirce classificava os signos como sendo naturais (nuvens significam chuva, manchas vermelhas significam sarampo); *icônicos* (quando o signo se parece com o significado que ele tem – como a imagem de ervilhas, em um pacote de ervilhas congeladas); ou *convencionais* (quando o signo é simplesmente algo inventado, o resultado de algo combinado – uma convenção, como por exemplo a cor vermelha significar "perigo" nas sociedades ocidentais). Peirce chamou esses sinais, ou signos, de "símbolos".

As palavras e a linguagem são construídas a partir desses símbolos. Signos naturais e icônicos em geral apontam a presença daquilo a que se referem. Mas símbolos como palavras raramente fazem isso. Se lermos um livro no qual estiver a palavra "elefante", dificilmente inferiremos que há um elefante na nossa casa. Com isso, Peirce chegou muito perto do fato de as palavras serem o que chamamos de símbolos "arbitrários" – no sentido de aleatórios –, que de alguma forma ainda geram um significado. As ramificações dessa descoberta foram superimportantes para a filosofia, como veremos na parte final deste livro.

William James

William James foi enormemente influenciado pelo pragmatismo de Peirce. Ele concordava que as ideias não deveriam ser entendidas como entidades metafísicas abstratas, mas como ferramentas de uso prático, como por exemplo a habilidade de prever experimentos. Sua obra ***Os princípios da psicologia*** (1890) foi o primeiro livro no qual a mente humana é o tema central, e em que se insiste que a psicologia deveria ser entendida como uma das ciências naturais experimentais. James se interessava pelas bases físicas da consciência e sua função biológica, que ele explicava em termos darwinianos.

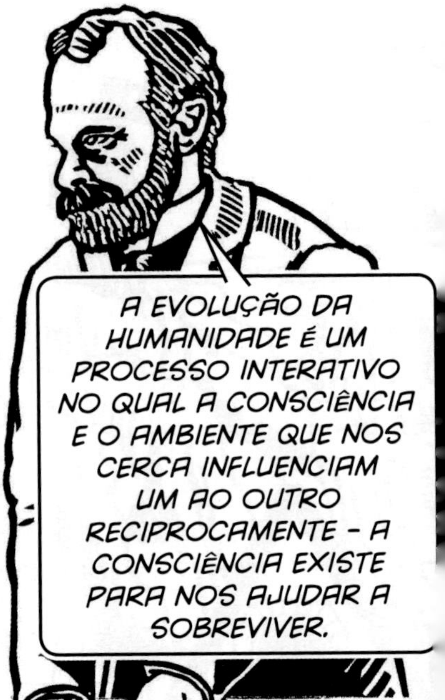

A psicologia dessa linha de pensamento é muitas vezes conhecida como **funcionalismo** – para ele, o importante é o que a consciência faz e as diferenças que ela produz. James também reconhecia que a consciência existe como um fluxo contínuo, e não como uma série de ideias separadas: essa concepção influenciou tanto a ficção do século XX quanto a fenomenologia de Husserl. James também estava convencido de que é possível exercitar a vontade própria (ou livre vontade) para curar a si mesmo da depressão, coisa que ele mesmo fez. Ele observou que as crenças religiosas em geral dão significado à vida de muitas pessoas, e no fim da vida se dedicou ao estudo do fenômeno do misticismo, escrevendo ***As variedades da experiência religiosa*** (1902). Acabou convencido da existência de Deus, mas um Deus finito, o que explicaria por que os seres humanos são livres e separados de Deus, e por que o demônio está presente em nosso mundo.

John Dewey

John Dewey (1859-1952) foi um partidário do pragmatismo sistemático, ou instrumentalismo, para quem ser "filosófico" significava desenvolver uma inteligência crítica e manter uma abordagem "científica" das questões humanas. Pragmatistas como Dewey eram grandes entusiastas do sucesso da ciência e seus métodos de pesquisa. Dewey estava convencido de que a filosofia também tem um papel na democracia norte-americana, contribuindo para todo conhecimento na esfera da ética, da arte, da educação e das recém--emergentes ciências. A exemplo de Peirce, Dewey era um teórico do "falibilismo", mas ainda mais convicto das reais possibilidades de haver progressos práticos nos assuntos humanos. A sociedade só avança se seus membros forem educados para ser inteligentes e sensíveis.

Em sua famosa Escola Experimental da Universidade de Chicago, as crianças eram (e ainda hoje são) incentivadas a resolver problemas usando hipóteses criativas e a testá-las. Para Dewey, a arte deve ser incentivada, porque ela estimula as soluções "imaginativas" para suas próprias "questões".

Democracia

Dewey era partidário da democracia por razões bem práticas. As sociedades democráticas são as melhores porque são flexíveis, não aceitam facilmente dogmas e podem dessa forma se dedicar à mudança, à evolução. Isso queria dizer que Dewey se interessava por uma nova disciplina, a sociologia, por causa de sua facilidade de produzir estatísticas. Para ele, problemas e questões sociais não podiam ser resolvidos com teorias abstratas.

Como todos nós, Dewey foi um produto do seu tempo. A visão dele da "sociedade" era a visão da classe média de cidadezinha norte--americana à qual ele pertencia, e suas concepções são gradualistas. Educação e não agitação era, na opinião dele, a melhor solução para melhorar a vida dos norte-americanos comuns.

Neopragmatistas

Nos Estados Unidos do pós-guerra, o pragmatismo perdeu força por causa das filosofias importadas da Europa – a filosofia analítica e a fenomenologia. Mas não por muito tempo. Na verdade, entre os norte-americanos, o pragmatismo nunca desapareceu. Seus pensadores acreditavam que seu tema de investigação deveria ser alguma coisa que tivesse aplicação prática, apesar de haver entre eles mesmos muita discordância sobre qual seria exatamente esse uso ou aplicação. Para o filósofo norte-americano **W. V. Quine** (1908-2000), alguns dos dogmas centrais da filosofia analítica eram de uma falta de precisão preocupante. Ele era pragmatista porque acreditava que o conhecimento humano é inevitavelmente holístico.

Outro pensador norte-americano, **Richard Rorty** (1931-2007), é com frequência rotulado de neopragmatista, em parte porque ele insistia em perguntar para que serve a filosofia, afinal.

A avalanche filosófica

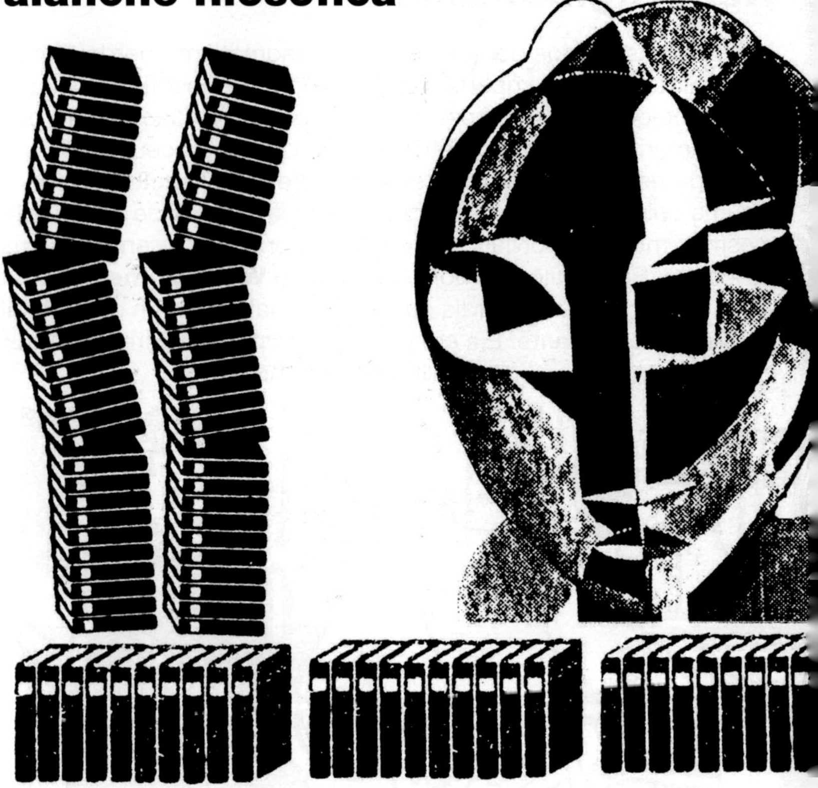

Atualmente existem pelo menos 10 mil professores de filosofia nos Estados Unidos. Para eles, a filosofia ainda é uma atividade prática que lida com as "questões" relativas à consciência, à inteligência artificial, à ética médica, aos direitos humanos, à matemática, às implicações do relativismo epistemológico e ético, à lógica, e assim por diante. A filosofia norte-americana é um vasto edifício que um pequeno livro como este não consegue resumir como deveria.

John Rawls (1921-2002), em ***Uma teoria sobre a justiça***, tentou demonstrar como é possível conciliar justiça social com a democracia liberal capitalista por meio de um imaginário e engenhoso contrato pré-societário.

Saul Kripkle (1940-) procurou mudar o modo como os filósofos refletem sobre a relação entre lógica e experiência. Ele afirma que nosso conhecimento de que a água é H_2O é tão certo quanto nossos conhecimentos sobre matemática e lógica.

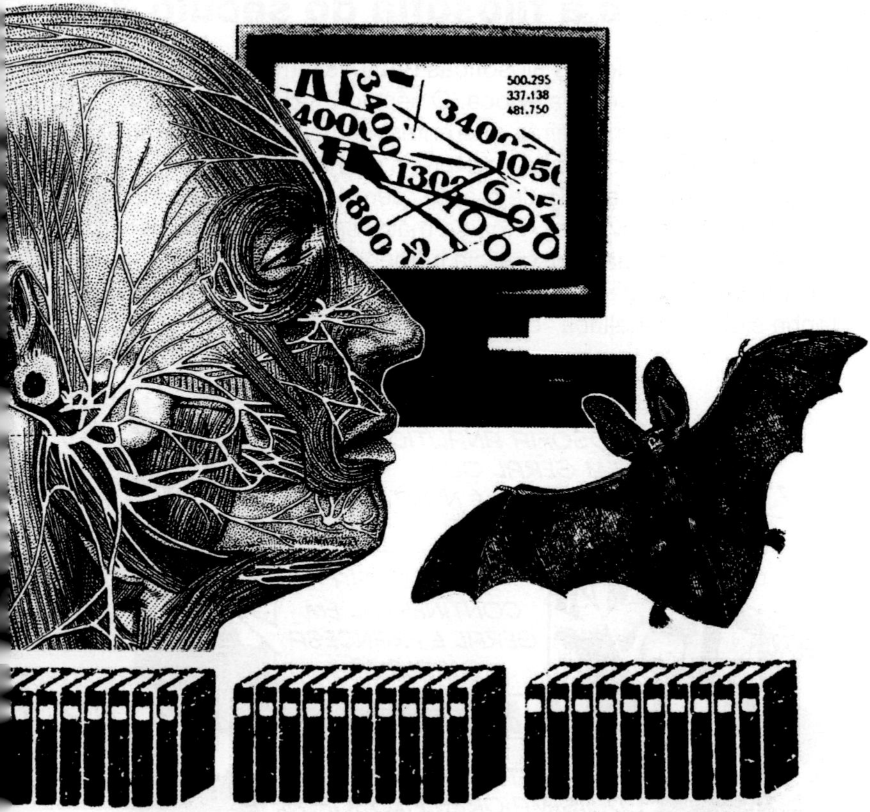

Daniel Dennett (1942-) é autor de novas e radicais ideias sobre a natureza da consciência humana, assim como **Thomas Nagel** (1937-), em seu ensaio intitulado ***Como é ser um morcego?***.

John Searle (1932-) desenvolveu trabalhos na esfera da filosofia da linguagem, criticando todas as entusiásticas teorias materialistas sobre a mente.

O neopragmático Rorty defende categoricamente a tese de que a filosofia se transformou atualmente em uma divertida voz, parte de uma vasta conversa geral da civilização, ou, pior ainda, uma espécie de "doença" a cujos praticantes ele recomenda que façam terapia. Essa visão cética talvez seja verdadeira, mas parece bem pouco provável que consiga ser suficiente para estancar o alucinante número de novos livros e artigos de filosofia publicados atualmente nos Estados Unidos (por volta de 4 mil).

Apresentando a filosofia do século XX

Nietzsche disse que as ideias filosóficas não passam de convicções dominantes de sua respectiva época. O século XX da filosofia não foi exceção à regra. De maneiras diferentes, seus filósofos tiveram a tendência de trabalhar os mesmos temas dominantes, como os problemas da nova sociedade de massa, perda da identidade individual, dúvida e incerteza relativistas. A tônica maior se concentrou nos complexos problemas da consciência humana, do significado e da lógica. Há quem considere atualmente que a filosofia dos últimos oitenta anos tenha sido ou "analítica" ou "continental".

Pode-se dizer que a filosofia continental é uma releitura da tradição que herdamos de Descartes, Kant e Hegel.

Origens da fenomenologia

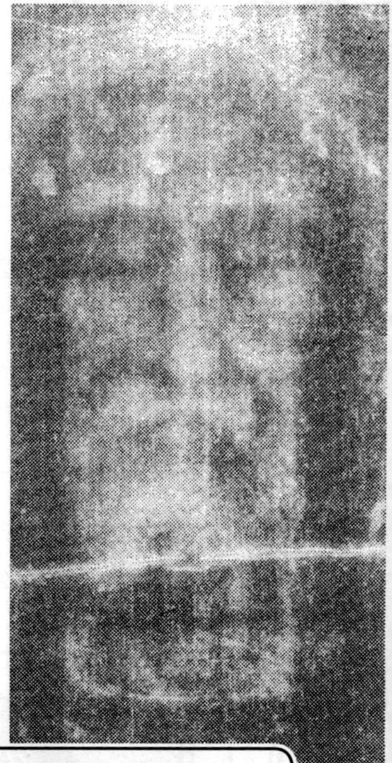

A crítica kantiana da metafísica levou à convicção estabelecida de que nós podemos até ter um conhecimento bastante seguro do mundo empírico, com seus fenômenos com os quais entramos em contato por meio dos nossos sentidos – ou seja, o mundo das aparências –, mas nunca conseguiremos saber como é exatamente o mundo dito noumenal, as coisas como elas são "de verdade". A pergunta que se poderia fazer seria esta: "Mas o que é que vivenciamos quando estamos tendo uma experiência?".

A **fenomenologia** fez dessa pergunta e da análise de como as coisas aparecem para a nossa consciência o centro de suas discussões.

Franz Brentano (1838-1917), que era filósofo e psicólogo, propôs o que chamou de uma "psicologia descritiva, ou fenomenológica".

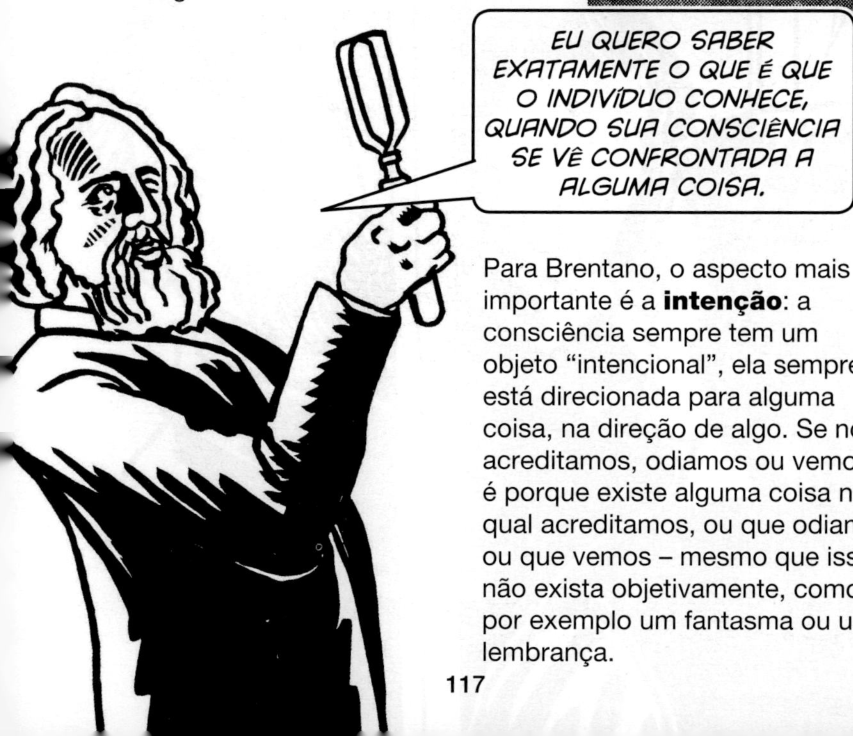

Para Brentano, o aspecto mais importante é a **intenção**: a consciência sempre tem um objeto "intencional", ela sempre está direcionada para alguma coisa, na direção de algo. Se nós acreditamos, odiamos ou vemos, é porque existe alguma coisa na qual acreditamos, ou que odiamos, ou que vemos – mesmo que isso não exista objetivamente, como por exemplo um fantasma ou uma lembrança.

A ligação entre psicologia e matemática

A fenomenologia está diretamente ligada ao nascimento da psicologia experimental, fundada oficialmente por **Wilhelm Wundt** (1832-1920). Ele foi o primeiro a sugerir que a **introspecção** – o exame de nosso próprio estado mental, dependendo de certo número de regras rigorosas – poderia ser um método experimental. O próprio Brentano era bastante chegado a um dos fundadores da Gestalt, **Christian von Ehrenfels** (1859-1932). A matemática também forneceu uma ligação importante, no caso de **Edmund Husserl** (1859-1938), originalmente um filósofo da matemática que adotou a ideia de Brentano sobre a consciência intencional. Ele definiu a fenomenologia como a descrição do conteúdo da consciência.

O método das reduções

Aparentemente, só havia um jeito de saber com certeza o que é a consciência: fazer uma série de "reduções" que ignorem todo tipo de distrações metafísicas e teóricas, e só se concentrar nos conteúdos da consciência e em sua característica fundamental, a "intencionalidade". Husserl chamou isso de suspensão do juízo, recorrendo a uma palavra grega – *epochè* – que significa interrupção, parada, cessação.

O problema, como o próprio Husserl reconhecia, é que um exercício desse tipo leva inevitavelmente ao **solipsismo** – a única coisa da qual podemos ter certeza absoluta somos *nós mesmos*. Aliás, ele duvidava até disso, já que nossa identidade nunca está diretamente presente em nossa consciência.

Heidegger: a busca do ser

A fenomenologia tinha atingido um nível primordial de consciência. A questão era: as "coisas em si" são percebidas pela consciência, ou o mundo só está aí, só existe para a mente? **Martin Heidegger** (1889-1976), um aluno de Husserl, radicalizou a questão, perguntando de modo ainda mais básico o que significa ser. Essa questão do ser, chamada de "ontologia fundamental" no livro de Heidegger ***O ser e o tempo*** (1927), diz respeito a todos nós, como seres humanos que somos, que vivemos.

A noção de Descartes de que "eu sou" ao "pensar que eu sou", assim como a identidade da consciência de Husserl, deixam de lado o fato de que nós existimos neste mundo condicionados ao fato de sermos mortais. "Estar aí" no mundo (*Dasein*) não é a mesma coisa que "ser consciente". Ser humanos é a nossa capacidade de existir no mundo, existir determinado pelas escolhas que fazemos, incluindo as falsas e as inautênticas.

O nada e a inautenticidade

Heidegger fez a seguinte pergunta: "Por que existe alguma coisa, em vez de nada?". Nós somos confrontados a uma angústia sem objeto, um "nada" (*Das Nichts*), que é a nossa própria morte, o fato de sabermos que vamos morrer. Mas, enquanto vivemos, nosso ser neste mundo precisa se realizar por meio de atos de livre escolha. Somente isso pode nos dar alguma garantia de **autenticidade**. Nós fomos "jogados" no mundo e para a maioria das pessoas isso será determinado pelos "outros", pelos papéis medíocres que nos são impostos por eles a cada dia.

Mas é possível ser "autêntico" em uma época de sociedade de massa, de ideologias autoritárias e de tecnologia? Diante dessas dificuldades, Heidegger concluiu que os seres humanos precisam se empenhar e se comprometer com suas próprias culturas e tradições – um ponto de vista que o levou, segundo se diz, a apoiar Hitler e o nazismo, uma escolha política desastrosa, algo que aparentemente ele jamais teria lamentado. De qualquer forma, ele entrou para a história como uma figura genial e problemática.

O existencialismo de Sartre

Heidegger negava qualquer ligação com o existencialismo, uma filosofia desenvolvida basicamente por **Jean-Paul Sartre** (1905-1980) com base em conhecidas fontes do chamado pensamento continental: Descartes, Hegel e Husserl. Apesar de a obra de Sartre ***O ser e o nada*** (1943) ter sido claramente influenciada por Heidegger, Marx teve mais influência afinal. Sartre também estava à procura de "autenticidade", e compartilhava com Kierkegaard a crença na importância do "engajamento", do compromisso. Mas tudo depende, de modo crucial, do fato de que não existe um Deus, o que torna o universo um "absurdo", sem significado nem objetivo. Não haver um Deus também significa que não há algo desse tipo na "natureza humana", porque os seres humanos não foram "feitos" em um projeto divino, ou "essência".

Nós somos obra de nós mesmos, ou, como dizia Sartre, "a existência precede a essência". Por isso, ele chamou sua filosofia de **existencialismo** – porque antes de tudo nós existimos, e depois construímos nossa essência, ao fazer nossas escolhas.

Liberdade e má-fé

Em mais de um aspecto, o existencialismo de Sartre é cartesiano. A mente é a única coisa da qual temos certeza. Ele sempre opõe a liberdade e a imaginação de nossa consciência humana ao que é não consciente, objetos não livres, como um abridor de cartas. Mas, para Sartre, o "eu" não é algum tipo de coisa estática que descobrimos por meio do autoexame cartesiano. Ele é um projeto pessoal pelo qual precisamos nos responsabilizar.

As pessoas de "má-fé" tentam escapar o tempo todo, de todas as maneiras possíveis, assumindo um papel social ("Eu sou um garçom, é isso que eu sou."). Elas distorcem a sua verdade, se transformam em **coisas** – mas elas também confirmam que a liberdade é real. Mas será que a liberdade é realmente tão "total" como pretendia Sartre? E a "má-fé" é sempre tão má?

Vida política autêntica

Não é difícil entender por que a escolha pela autenticidade era uma saída real para Sartre. As forças nazistas que ocuparam Paris entraram na Cidade Luz em 1941. Cada um e todo mundo precisavam decidir que posição tomar: colaborar com os ocupantes ou combatê-los. Sartre se alistou na Resistência Francesa. Anos depois, ele apoiou a independência da Argélia e recusou o Prêmio Nobel. Ele sempre dizia que o marxismo era a única filosofia válida para o mundo moderno.

Sartre dedicou a vida inteira à luta contra sua "inautenticidade" pessoal, e nunca aceitou dormir sobre os louros do fácil papel de ser o "famoso filósofo existencialista".

Camus e o absurdo

Albert Camus (1913-1960), nascido na Argélia, era jornalista, ensaísta e novelista, e também negava ser um existencialista. Mas a reflexão profunda que ele fez do significado emocional do que significa viver em um "universo absurdo" e ímpio certamente colaborou para isso. Seu engajamento na Resistência Francesa o aproximou de Sartre, mas os dois tinham posições completamente diferentes sobre o comunismo e sobre a independência da Argélia. Como se pode afirmar o significado de alguma coisa, em um universo completamente sem significado? Camus deu um exemplo disso em seu livro ***O mito de Sísifo*** (1943). Sísifo foi condenado a empurrar eternamente, ladeira acima, uma pedra que rolava para baixo ao final de cada dia. Camus se pôs a refletir sobre esse mito grego e seu significado...

... e disse o seguinte: "Julgar se a vida vale ou não a pena ser vivida constitui a questão fundamental da filosofia". De modo desafiador, Sísifo decide dar ao castigo um significado, e dessa forma a tarefa assume, efetivamente, um significado. Do mesmo modo, é isso que todos os seres humanos deveriam fazer em suas vidas "absurdas".

Filosofia analítica: o problema da matemática

Os filósofos têm o péssimo costume de fazer perguntas supersimples, mas que têm respostas espantosamente difíceis. Todo mundo sabe que dois mais dois é igual a quatro. Mas os filósofos perguntam por **que isso** é assim.

Pitágoras estava convencido de que a matemática é a chave para entender tudo o que existe. Platão acreditava que os números têm uma espécie de existência mística especial. Uma das principais preocupações dos filósofos analíticos do século XX foi procurar encontrar os "fundamentos" da matemática na lógica.

Isso irritava o vitoriano filósofo empirista John Stuart Mill, para quem a certeza matemática se parece demais a uma "refeição gratuita". Ele afirmou que a matemática não passa da mais provável verdade indutiva, baseada em nossa experiência humana do mundo.

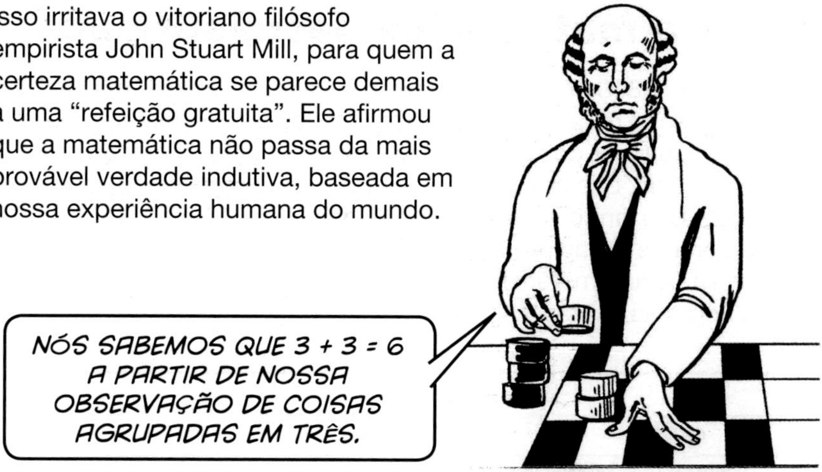

Mas, se isso for verdade, por que tantas vezes a matemática nos fornece um quadro tão preciso de como o mundo funciona? A explicação de Kant foi que a matemática seria outro exemplo do "sintético a *priori*" – para nós, a matemática está sempre certa porque esse é o modo como o nosso cérebro é "conectado", o modo como ele funciona.

Frege e a matemática desmistificada

Gottlob Frege (1848-1925) viveu uma vida calma e isolada, mas mudou a filosofia ocidental para sempre ao fazer da lógica o fundamento da nova filosofia, no lugar do "problema do conhecimento". Ele jogou fora a lógica tradicional, que era dedutiva, e criou uma nova versão, "formal" e "simbólica". Utilizando essa sua nova lógica, ele estava convencido de que podia demonstrar as profundas conexões entre matemática e lógica. Frege desmistificou a matemática, mostrando que os números não são "objetos", como as girafas.

Em seguida, Frege demonstrou como a matemática é analítica, ou “vazia”.

Os filósofos racionalistas afirmaram mais de uma vez que a matemática era o maior paradigma, dos tipos de verdades fundamentais, já produzido sobre a mente humana. A desmistificação feita por Frege da matemática foi crucial, porque ajudou a destruir a ilusão de que existe algum tipo de conhecimento metafísico que só os filósofos são capazes de descobrir.

E o mistério continua

Frege chegou muito perto de resolver o problema filosófico da verdade matemática. Mas, infelizmente para ele, em 1903 **Bertrand Russell** (1872-1970) descobriu um paradoxo que parecia impossível de resolver no sistema de Frege, e **Kurt Gödel** (1906-1978) demonstrou que sempre existirão verdades matemáticas que continuarão sendo impossíveis de provar em qualquer sistema lógico. Um sistema formal pode ser ou autoconsistente ou completo, mas não os dois.

Assim, a matemática conseguiu escapar da lógica e continuou sendo uma das questões centrais da filosofia contemporânea.

Significado e referência

Frege também foi um dos fundadores da moderna filosofia linguística. Ele ajudou a mudar o foco de discussão da filosofia contemporânea, do problema do conhecimento para o problema – ainda mais fundamental – do **significado**. Frege chamou a atenção para o fato de que a gramática de uso corrente não é lógica, e que a própria lógica é independente da psicologia. A linguagem tem duas funções diferentes:

O **sentido** da linguagem é um fenômeno público baseado em uma convenção, e por isso pode mudar. Mas a **referência** é ou a verdade ou a falsidade. Frege fundou um complexo sistema lógico baseado em sua intuição.

A lógica atomista de Russell

Na obra ***Principia mathematica*** (1910-1913), **Bertrand Russell** (1872-1970), secundado por **Alfred North Whitehead** (1861-1947), fez o mesmo percurso que Frege em sua malsucedida tentativa de provar que mesmo a matemática mais simples tem fundamentos lógicos – por exemplo, 1 + 1 = 2.

Na melhor tradição do empirismo britânico, Russell era um “atomista lógico”. Para ele, o melhor caminho para entender o mundo é desmontar tudo o que existe, reduzindo a componentes individuais. As proposições individuais podem então ser referidas a sensações individuais no entendimento humano, elas mesmas causadas por pequenos “pedacinhos” do mundo.

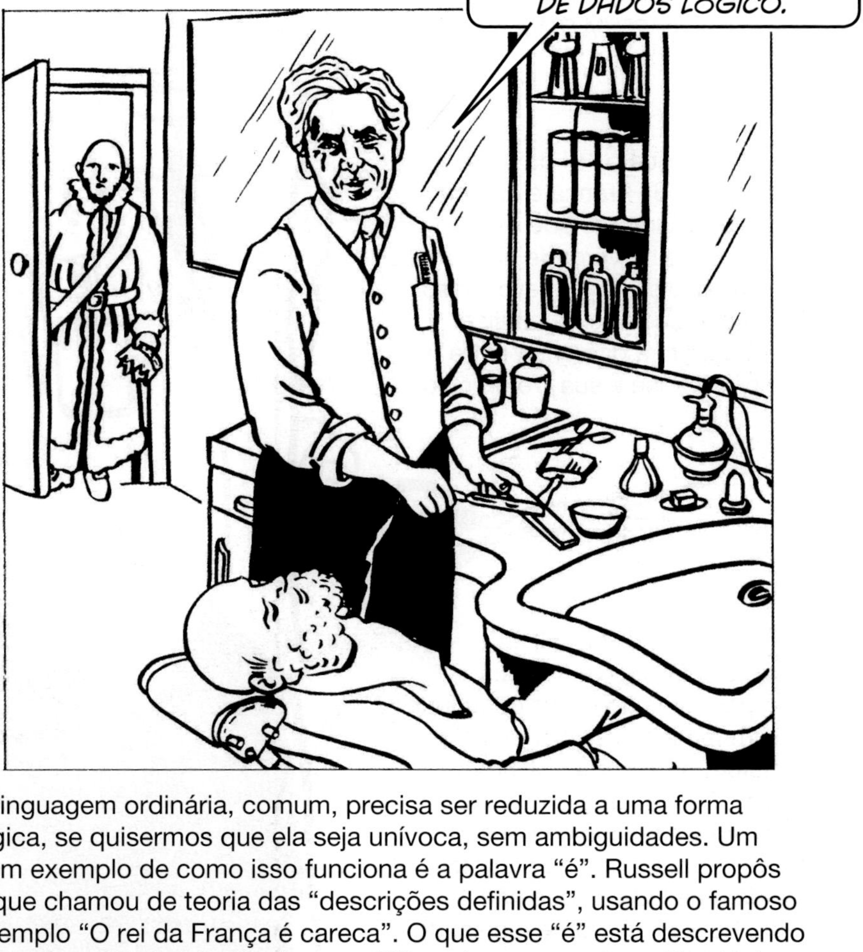

A linguagem ordinária, comum, precisa ser reduzida a uma forma lógica, se quisermos que ela seja unívoca, sem ambiguidades. Um bom exemplo de como isso funciona é a palavra “é”. Russell propôs o que chamou de teoria das “descrições definidas”, usando o famoso exemplo “O rei da França é careca”. O que esse “é” está descrevendo nessa frase? Russell aborda esse “é” estritamente pela análise lógica – abordagem completamente do “ser” de Heidegger, como se vê.

Análise lógica

A frase "O rei da França é careca" é única porque ela parece se referir a alguém que não existe. A solução de Russell para esse quebra-cabeça linguístico foi desmontar a frase em componentes lógicos, o que faz que fique mais fácil perceber onde estão os erros, como...

- *EXISTE UM REI DA FRANÇA ATUALMENTE.* ***ERRADO.***
- *TODO REI QUE FOR REI DA FRANÇA É CARECA.*
- *SÓ EXISTE UM REI DA FRANÇA.*

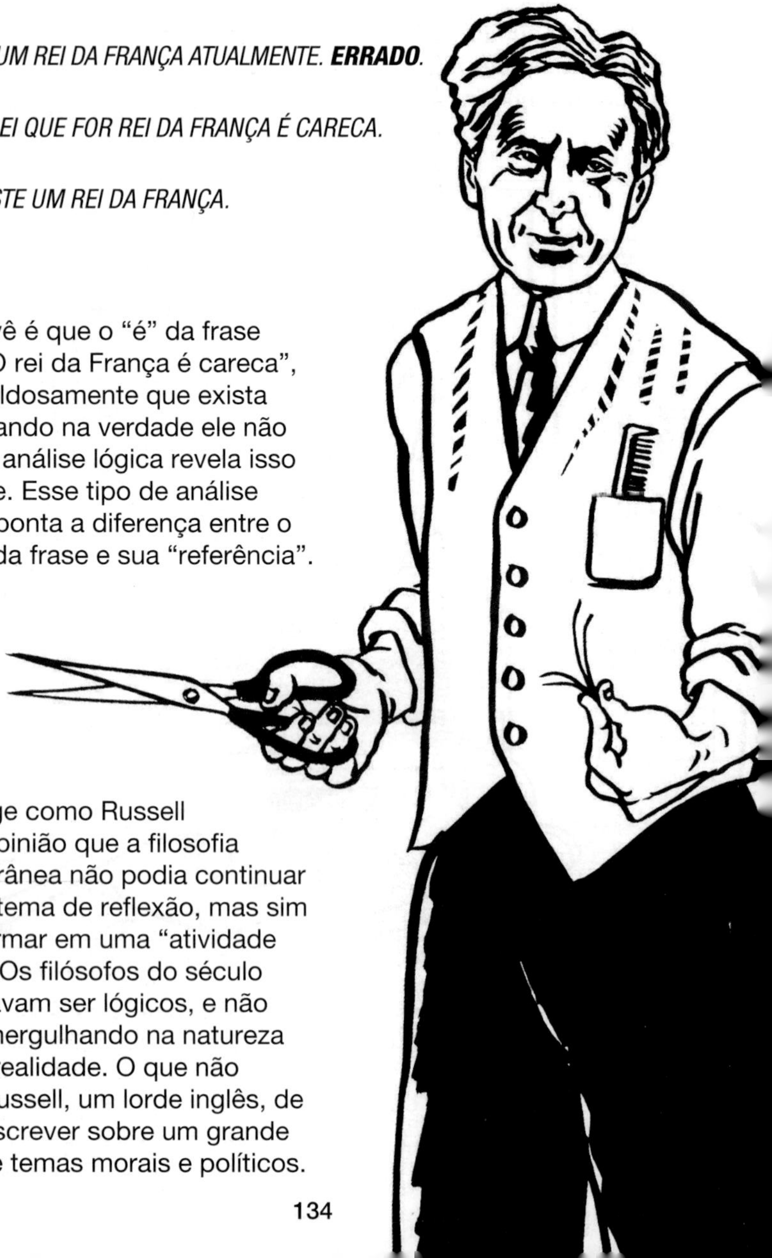

O que se vê é que o "é" da frase original, "O rei da França é careca", sugere maldosamente que exista um rei, quando na verdade ele não existe, e a análise lógica revela isso claramente. Esse tipo de análise também aponta a diferença entre o "sentido" da frase e sua "referência".

Tanto Frege como Russell eram de opinião que a filosofia contemporânea não podia continuar tendo um tema de reflexão, mas sim se transformar em uma "atividade analítica". Os filósofos do século XX precisavam ser lógicos, e não videntes mergulhando na natureza íntima da realidade. O que não impediu Russell, um lorde inglês, de refletir e escrever sobre um grande número de temas morais e políticos.

O Círculo de Viena

Os **positivistas lógicos**, ou Círculo de Viena, estavam mais para cientistas que para filósofos. **Moritz Schlick** (1882-1936), **Otto Neurath** (1882-1945) e **Rudolf Carnap** (1891-1970) eram de opinião que toda a filosofia, em especial o idealismo hegeliano, era uma bobagem metafísica.

Para eles, a "gramática superficial" da linguagem tinha levado os filósofos a pseudodebates sem fim sobre entidades imaginárias, como as "substâncias" de Spinoza e Leibniz.

O positivismo lógico de A. J. Ayer

Para os positivistas lógicos não existe o que se havia convencionado chamar de "conhecimento filosófico" – o caminho para o conhecimento passava necessariamente – e somente – pela ciência. A filosofia devia se limitar a ser uma atividade analítica que esclareceria os conceitos e as confusões linguísticas. Nos anos 1930, **A. J. Ayer** (1910-1989) foi a Viena para ficar conhecendo o grupo e voltou de lá como um discípulo. Ele escreveu seu livro ***Linguagem, verdade e lógica*** aos trinta e seis anos de idade, e a fria e técnica desqualificação que ele fez, tanto da religião quanto da linguagem ética, dizendo que ambas não passavam de "bobagem", de um "disparate", chocou muita gente na Inglaterra.

Testando para encontrar o significado

Os membros do Círculo de Viena, que eram todos partidários da tolerância e do progresso científico, tiveram alguns problemas com as insanidades do nazismo germânico. Schlick foi assassinado por um aluno mentalmente perturbado, assunto sobre o qual os professores de filosofia preferem não falar.

Como teoria do significado, o **verificacionismo** (a teoria de que tudo deve poder ser verificado empiricamente), logo veio abaixo, em parte porque muitas ciências contemporâneas não podem ser testadas de um modo simples, como “olhe e constate”. Afinal, até agora ninguém viu um “quark”, como então uma coisa dessas poderia ser “testada”? O significado também deveria ser testado antes de seu resultado. Mas como se pode testar alguma coisa que ainda nem entendemos? Essa questão foi deixada para outro filósofo vienense resolver, de modo mais convincente.

O atomismo lógico de Wittgenstein

Ludwig Wittgenstein (1189-1951) primeiro estudou engenharia. O interesse dele por lógica e matemática o levou a estudar com Bertrand Russell em Cambridge, em 1911. Ele pertencia a uma rica, talentosa e trágica família vienense – três de seus irmãos tinham se suicidado. Ele era um professor carismático, impaciente e enigmático, que não aceitava a teoria de que o ensino universitário da filosofia era algo inútil. Um homem religioso que mudou a filosofia ocidental para sempre. Ele lutou pelo exército austríaco durante a Primeira Guerra Mundial.

Wittgenstein publicou uma obra breve e extremamente difícil, o ***Tractatus Logico-Philosophicus*** [Tratado lógico-filosófico], em 1922.

O ***Tractatus*** começa com as seguintes palavras: “O mundo é tudo o que está em questão”. Ou seja, “tudo o que conta”. No início, Wittgenstein adotou a linha de pensamento “atomista” de Russell, que afirma a necessidade de “quebrarmos” as sentenças, para que possam ser reveladas suas complexidades lógicas. A preocupação dele era mostrar que, no limite, o significado deriva de atômicas frases lógicas que formam um “quadro” preciso do que ele, de maneira curiosa, chamou de “fatos atômicos” do mundo.

Essa premissa significa que existem limites para os tipos de pensamentos significativos que podemos ter, com a linguagem que temos. As questões metafísicas só são levantadas, ou seja, elas só existem porque os filósofos estão sempre tentando “dizer o que não pode ser dito”, ou seja, “falar sobre o que não se consegue falar”. A última frase desse notável livro diz: “Sobre [tudo] aquilo de que não podemos falar, devemos nos manter em silêncio”.

O significado do significado

Em uma segunda fase, Wittgenstein abandonou sua primeira abordagem "atomista", de resolução do "problema do significado", e passou a questionar toda a tradicional procura da filosofia da generalidade, leia-se das "essências". A nova abordagem era algo completamente diferente – o chamado **pensamento descritivo**, tema do livro póstumo de Wittgenstein, as ***Investigações filosóficas*** (1953).

ISTO NÃO É UM FILÓSOFO.

Assim, só porque existe uma palavra que serve para falar do conceito de arte não faz sentido ficar correndo atrás da "coisa essencial" que confere significado à palavra "arte", ou ficar perguntando como o conceito existe na mente humana. A palavra "arte" só é usada pelas pessoas para falar de diferentes atividades e artefatos compartilhados por um "conjunto de coisas semelhantes".

Jogos de palavras

A linguagem é uma série de diferentes "jogos" de palavras, com muitas e diferentes intenções e objetivos. Significado é o resultado de convenções sociais, ou seja, de normas estabelecidas de comum acordo, produzidas por determinadas "formas de vida", e elas não podem ser estabelecidas separadamente, "fora" da linguagem. Isso quer dizer que a linguagem é autônoma e flutua, é levada livremente pelo mundo afora. Wittgenstein assumiu uma visão terapêutica do chamado discurso filosófico, por causa do que para ele era uma espécie de doença – o produto de uma linguagem "saindo de férias", de modo que um jogo de palavras se confundia com outro.

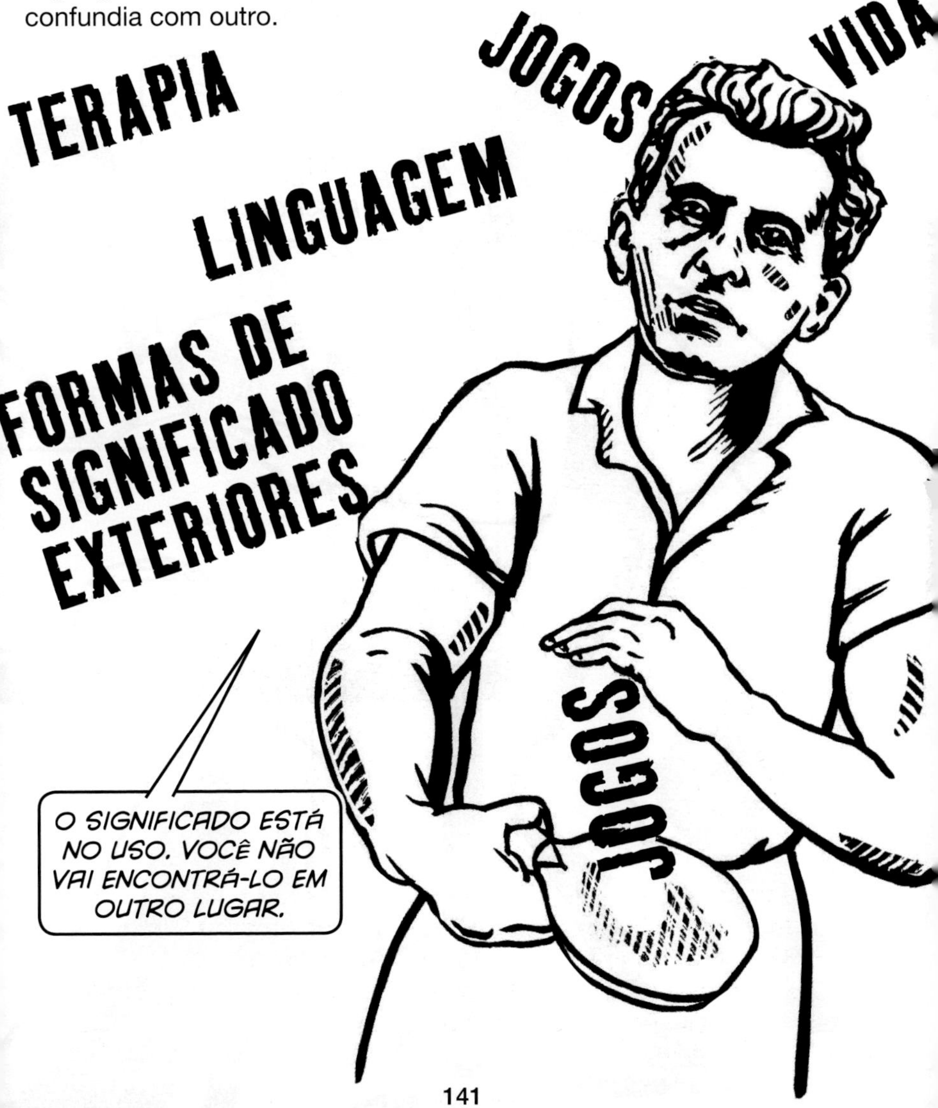

Pensamentos privados

A filosofia de Wittgenstein sobre a mente também é anticartesiana. Pensamento é **linguística**. A linguagem é um produto social e a consequência disso é que a linguagem não pode ser "privada", particular. Isso significa, por sua vez, que toda busca de certeza feita na "primeira pessoa" é falsa e mal concebida. Descartes e seus muitos filósofos-discípulos sempre defenderam a ideia de que as experiências de primeira pessoa são, de alguma forma, mais "imediatas" e certas do que as outras coisas. Mas escrever e falar sobre experiências mentais supõe o uso de uma linguagem pública, comum a várias pessoas, que obedeça a regras que determinam tanto significados quanto referências.

A teoria freudiana do inconsciente

A "terapia" de Wittgenstein como solução para a doença linguística da filosofia deve, de certa forma, algo a outro vienense, **Sigmund Freud** (1856-1939), o fundador da psicanálise. Sua influente teoria de um inconsciente sexualmente estruturado brotou da neuropsicologia e da prática clínica. Mas a noção de que com frequência nós não temos consciência de nosso próprio processo mental já era sobejamente conhecida de filósofos do século XIX, como Schopenhauer, por exemplo. Freud deu um passo a mais nessa teoria, sugerindo que a própria civilização só se tornou possível pela repressão do instinto sexual a um nível inconsciente, uma visão que sabota a busca filosófica de racionalidade objetiva.

Jean-Paul Sartre foi um dos filósofos e psicólogos que se opuseram à teoria freudiana do inconsciente, por ela não poder ser checada empiricamente.

Filosofia da linguagem ordinária

Para Wittengestein, a função terapêutica do filósofo contemporâneo seria como "ensinar a uma mosca como voar [através da janela aberta, em vez de ficar se debatendo contra o vidro]", ou mostrar como a maioria dos quebra-cabeças é simplesmente o resultado de uma confusão linguística.

J. L. Austin (1911-1960), que era professor e conferencista de "linguagem filosófica" ordinária, mostrou isso mais de uma vez. A questão dele era examinar em detalhe de que forma ideias como "percepção" ou "conhecimento" são utilizadas na linguagem comum. Austin introduziu o conceito de "como fazer coisas com palavras", ou "**quando dizer é fazer**". Resumindo, isso quer dizer que nós não devemos só *dizer* alguma coisa, mas *fazer* alguma coisa. Se eu digo a alguém "Parece que vai chover", ao mesmo tempo executo uma série de atos.

O espírito dentro da máquina

Gilbert Ryle (1900-1976), outro influente professor de Oxford, também chegou a uma concepção semelhante de "conceitos comuns" pelo viés do empirismo britânico e no interesse pela fenomenologia de Brentano e Husserl. Em seu livro ***O conceito de mente*** (1949), ele afirmou que muitas vezes os filósofos cometem o que chamou de "erros de categoria". Para ele, o melhor exemplo é o postulado de Descartes, de uma mente separada do corpo tendo pensamentos autônomos, como se fosse um "espírito dentro da máquina".

Ryle elaborou uma teoria filosófica chamada de **behaviorismo** (comportamento, maneira de agir, em inglês), de que os termos mentais deveriam ser sempre traduzidos em sensações físicas. Essa concepção behaviorista da linguagem e do significado poderia ser convincente se todo mundo que falasse de sensações e pensamentos sempre se referisse às sensações e pensamentos das outras pessoas. Mas essa teoria não é convincente como explicação sobre a maneira pela qual nós usamos a linguagem para referir nossos próprios pensamentos e convicções.

A filosofia da ciência

A divisão entre as chamadas filosofias "continental" e "analítica" – que, como vimos, está longe de ter sido definida – é, de qualquer modo, menos importante que a constatação de que a ciência passou a ter um papel fundamental no século XX. Foram os cientistas, e não os filósofos, que mudaram o modo como vivemos, nossa visão de mundo e a própria concepção que temos de nós mesmos.

É fácil se deixar ofuscar pelo brilho de todo esse sucesso e passar a rezar pela cartilha do "cientificismo" – o culto da ciência e a crença um tanto ingênua de que ela pode resolver todos os problemas humanos.

Existem dois tipos de cientistas. Alguns usam um avental branco e trabalham com equipamentos caros e superespecializados, e outros se limitam a escrever coisas complicadas e impenetráveis nas lousas das salas de aula. Mas os dois tipos são comumente chamados de "cientistas" porque usam algum tipo de "método" científico que produz um único **tipo** de conhecimento. Em geral, o conhecimento científico deve ser "universal", "quantificável", "empírico" e dotado de "poder de antecipação", de previsão. Um sapo cientista deveria, supostamente, poder nos dizer tudo a respeito de **todos** os sapos.

O método indutivo

Afinal, de onde os cientistas tiram suas teorias? Evidentemente, a indução é um "método" científico. Um cientista observa e mede uma porção de sapos andando e nadando, em diferentes condições, e finalmente produz uma "teoria sobre os anfíbios". Mas há mais de cem anos o filósofo Hume já tinha explicado que a indução só nos dá probabilidades, não certezas.

Mas observar é **provar**? Aquilo que nós "vemos" é muitas vezes influenciado por nosso condicionamento cultural e educacional. É difícil fugir de todos os nossos pressupostos (preconceitos e prejuízos) sobre o mundo, e também completamente impossível descrever o que estamos vendo por meio de uma linguagem que seja "objetiva".

Ver não é somente um processo pelo qual recebemos dados passivamente, por meio de nossos sentidos, e sim um processo mais complexo de recebimento e categorização das informações.

Nosso cientista tem, segura e inevitavelmente, certo número de pressuposições sobre o que vem a ser um sapo, sobre como eles nadam e o que isso implica, sobre quantos sapos ele precisa observar, contar e medir, e assim por diante. E ele sabe que antes disso tudo não poderá elaborar uma nova teoria sobre sapos. Nenhuma ciência baseada na indução jamais será segura, e sempre terá um problema com a base humana e questionável da observação "empírica".

Teoria da falsificação

Karl Popper (1902-1994) afirmou que a "Teoria da falsificação" seria um método mais acertado para pensar sobre o procedimento científico. Segundo ele, as teorias científicas sempre são provisórias e devem ser entendidas como tal. Os verdadeiros cientistas sempre apontarão maneiras pelas quais suas teorias podem ser "falsificadas", ou seja, contraditas por alguma nova observação.

Adeptos das pseudociências, como a astrologia e a psicanálise freudiana, sempre se recusarão a aceitar qualquer evidência que possa contradizer suas convicções e crenças mais profundas.

Mas, como método científico, o falibilismo, ou falsificacionismo (veja também p. 108), tem seus próprios problemas. Se nossas observações do mundo têm inevitavelmente uma "bagagem teórica" que as acompanha, então por que uma observação qualquer deveria invalidar, de imediato, uma teoria científica complexa? Como podemos ter certeza de que podemos confiar nela? As teorias científicas são complexas e interdependentes, por isso não é tão fácil assim falsificá-las com uma simples observação. A história também mostra que, com frequência, os cientistas são super-relutantes a deixar para trás, a desistir de suas queridas teorias, por causa de alguma observação contrária. Em determinadas ocasiões, eles chegaram a se obstinar teimosamente – mas nem sempre.

Max Planck (1858-1947) é um caso interessante. A física quântica começou com a descoberta matemática de Planck, que vinha desmentir a sacrossanta segunda lei da termodinâmica.

Thomas Kuhn: a mudança de paradigma

Para Popper, a ciência é fator de indexação errática mas sistemática, alimentada pela razão e fazendo progressos graduais que vão promovendo a acumulação de "verdade" científica. **Thomas Kuhn** (1922-1996) desafiou essa visão ingênua de ciência. Ele olhou detidamente para a história da ciência e perguntou o seguinte: como é que cada comunidade científica trabalha atualmente seu ramo de ciência, como é essa prática?

Mas os paradigmas sempre mudam de direção ao longo da história. O modelo cosmológico já foi aristotélico, ptolomaico, copernicano e newtoniano, e hoje é einsteiniano.

Afinal, por que os paradigmas mudam? Porque um paradigma vai acumulando elementos não resolvidos, como um quebra-cabeça no qual algumas peças não se encaixam, e isso por causa dos desafios lançados pelos próprios cientistas. As afirmações de Galileu ou de Einstein, por exemplo, mergulharam a época em que cada um viveu em uma tremenda crise.

O sistema de convicções dos cientistas sobre esferas celestes, ou raios de luz, entrou em colapso, por ser incapaz de acomodar novas ideias. Kuhn insistia que a ciência "progride" por meio de mudanças revolucionárias inesperadas, e não por meio de algum processo metódico de evolução. Para os cientistas, isso não é assim *tão* diferente da fé religiosa. A nova ciência é aceita não por causa de sua força de convencer sobre as novas evidências, mas sim porque os velhos cientistas vão morrendo e outros mais jovens ocupam o lugar deles.

Anarquismo epistemológico

Para os cientistas, Kuhn estava ameaçando a racionalidade e o progresso da ciência, o que não era o caso. Mas talvez a crítica mais radical da ciência tenha vindo do austríaco **Paul Freyerabend** (1924-1994). O balanço feito por ele, em seu livro ***Contra o método*** (1974), ressaltou a existência de uma verdadeira lista de teorias científicas contraditórias – o que ficou conhecido como "anarquismo epistemológico".

É tolo esperar que a "ciência" – que é criativa quando é inerentemente anarquista e pluralista – possa ser governada por um conjunto fixo e verificável de regras metodológicas. Além disso, não existe nada de fundamentalmente "superior" no conhecimento científico.

Do moderno ao pós-moderno

A filosofia Moderna começou com Descartes e sua tentativa de estabelecer um método seguro para chegar racionalmente à verdade, uma **fundação empírica**, sem importar o quanto de "realidade" precisasse eventualmente ser sacrificado nesse processo. Para ele, essa fundação era o **cogito** – "Penso, logo existo".

Dúvidas relativas à existência do eu, à verdade objetiva e ao significado da linguagem foram aumentando desde a época de Descartes, em uma evidente "crise" do conhecimento, agora chamada de condição pós-moderna.

Os três grandes "se" do pós-modernismo

Talvez possamos encarar a filosofia pós-moderna como assombrada pelos três grandes "se":

se *os pensamentos humanos já não podem ser garantidos como "nossos"...*

se *a linguagem com a qual pensamos não pode referir de modo expressivo o mundo externo sobre o qual ela fala...*

se *os significados dos símbolos linguísticos autônomos mudam o tempo todo...*

então *isso tudo é uma péssima notícia para a filosofia, para a lógica e até para a ciência.*

A chave do ceticismo pós-moderno é o problema da linguagem, ou melhor, a ilusão de seu significado.

Nietzsche: a desilusão da verdade

As sementes do ceticismo pós-modernista sempre estiveram presentes na filosofia ocidental, e isso já desde que Crátilo se recusava a falar porque considerava que o significado de suas palavras era instável. Um dos fundadores mais óbvios e recentes do pós-modernismo (ou pensamento contemporâneo) é Nietzsche, que afirmou que a linguagem só pode ser metafórica.

Para Nietzsche, o que é considerado "conhecimento" não passa da concepção que os mais fortes impõem às demais pessoas. *Devemos nos proteger da perigosa ficção que postula um "tema" de conhecimento indolor e atemporal, nos precaver contra as armadilhas de conceitos contraditórios como "razão pura", ou como "conhecimento em si".*

Linguagem e realidade

O ceticismo pós-moderno não é um mero capricho, mas uma inevitável consequência histórica. Neste livro, repassamos toda uma série de discussões complicadas a respeito da linguagem, do significado e do conhecimento, neste nosso passeio pela história da filosofia. Eis três nomes de filósofos contemporâneos extremamente diferentes entre si – Heidegger, Wittgenstein e Jacques Derrida – que se questionavam sobre a relação entre linguagem e realidade.

Na verdade, o que é que eles estão dizendo? Vejamos.

Heidegger: como seres humanos, jamais conseguiremos separar linguagem e realidade.

Wittgenstein: tudo [o que existe] não passa de "jogos de linguagem", dos quais a filosofia ocidental é um exemplo.

Derrida: nós usamos a linguagem para pensar e nos comunicar, mas não temos nenhum modo objetivo de saber o que está realmente relacionado com a realidade "exterior", com as coisas às quais a linguagem se refere. Nossos pensamentos estão "presos na armadilha" [da linguagem].

Um sistema de sinais

Ferdinand de Saussure (1857-1913), um linguista suíço, foi o fundador do estruturalismo e da semiótica. Ele deixou de lado a busca de um "significado" da linguagem e, em vez disso, preferiu descrever sua utilização. O "significado" linguístico não deriva da correspondência com "as coisas do lado de fora", mas sim das relações entre os próprios sinais e suas posições, dentro de um sistema de significações.

E Saussure disse mais: "Em uma linguagem só existem diferenças, sem a existência de termos fixos."

Estruturalistas

Nos anos 1960, Saussure provocou a crítica estruturalista, sobretudo na França, onde nasceu a abordagem de se pensar a filosofia como uma forma de "discurso", entre outras. Todo discurso compartilha um sistema de sinais no qual a [principal] característica da chave estrutural é o código de opostos binários. Por exemplo, o significado do conceito de "alma" deriva de seu oposto, "corpo"; ou "claro" de "escuro"; "natural" de "cultural", e assim por diante. O antropólogo **Claude Lévi-Strauss** (1908-2009) defendia a tese de que um sistema binário de códigos opera em todas as culturas, funcionando como uma lógica comum a elas.

Para os estruturalistas, o mundo é organizado em sistemas interconectados, que se encaixam uns nos outros, ao lado de "profundas estruturas" genéticas, que têm suas próprias "gramáticas" abertas à análise. Essa concepção foi desenvolvida no final dos anos 1960 pelos chamados "pós-estruturalistas", **Roland Barthes** (1915-1980), **Julia Kristeva** (1941-) e, principalmente, **Jacques Derrida** (1930-2004).

O trabalho de crítica de um filósofo é reconhecer essas "derrapagens" do significado e "ler o texto apesar dele mesmo".

Derrida e a desconstrução

A lição pós-estruturalista também se aplica aos textos filosóficos. Eles podem ser lidos "apesar deles mesmos" ("contra eles mesmos") – essa foi a estratégia de Derrida, chamada de **desconstrutivismo**. Não se trata de um "método", mas sim de uma espécie de terapia, no sentido de Wittgenstein. O desconstrutivismo não persegue um "significado verdadeiro", uma unidade: ele revela os muitos significados em conflito inconsciente, um contra todos os outros, em cada texto. O que está, aqui, sendo chamado de "inconsciente" são as polaridades binárias subjacentes às hipóteses metafísicas (que as escora, que dão sustentação a elas).

EM UMA OPOSIÇÃO BINÁRIA, UM ELEMENTO É SEMPRE PRIVILEGIADO COM RELAÇÃO A OUTRO...

Homem – – Mulher
Claro – – Escuro
Razão – – Emoção
Presença – – Ausência

Termos privilegiados penetram nos sistemas, produzindo hierarquias culturais.

Logocentrismo

O desconstrutivismo escavou, desenterrou as contradições internas e as escorregadelas do significado no texto, nos fazendo perceber que os “significados” correntes, comuns, são simplesmente aqueles que foram “estabilizados”, estabelecidos pela cultura dominante e pelas ideologias políticas dominantes. Para Derrida, o problema é um erro de identidade. Os filósofos sempre consideraram que as palavras comunicam significados que estão explicitamente presentes na mente humana.

A filosofia se baseia em uma relação de um-para-um entre palavras e significados, como garantia de verdade. Esse é o erro do **logocentrismo**, que, para Derrida, pode fazer a “linguagem da razão” ser totalitária – pois suprime e exclui tudo o que é diferente, ou que não é adequado, que não combina.

A auto-existente

Derrida atacou o **fundacionalismo**: a doutrina que afirma a existência de convicções básicas que se justificam a si mesmas. E o alicerce fundamental, a convicção básica da filosofia Moderna é o **cogito** de Descartes. O psicanalista **Jacques Lacan** (1910-1981) contribuiu para a discussão com a perturbadora ideia de que o "eu" é uma ficção – o que veio sabotar, minar a busca de cartesianos e fenomenologistas de uma certeza que tem como eixo o eu fundador, ou seja, uma procura de verdade baseada no eu. A identidade privada e única não passa de uma ilusão útil, que permite que tenhamos a sensação de segurança e dá algum sentido a nossas experiências, que mudam o tempo todo.

Lacan afirmou que a parte mais profunda de nós, nosso inconsciente, é estruturada como a linguagem. Só quando a criança adquire a linguagem é que ela passa a fazer parte do mundo social e se transforma em um "eu".

O fim das grandes narrativas

O pós-modernismo também fez a filosofia penetrar em áreas da história política e social. Nesse contexto, **Jean-François Lyotard** (1924-1998) resolveu sacudir outro mito "fundacional" dos mais importantes: a própria ideia de progresso, que desde a época do Iluminismo tinha passado a ser um princípio aplicado de razão. O pensamento contemporâneo do século XX havia herdado, de modo um tanto ingênuo e desastroso, a fé nas "grandes narrativas" de emancipação, criação abundante e verdade universal. Em seu livro ***A condição pós-moderna*** (1979), Lyotard argumentou que essas "grandes narrativas" – em outras palavras, essa história de uma sociedade racional e ordenada – tinham simplesmente entrado em colapso.

Nós passamos pelo fascismo, assistimos ao fim do comunismo, e agora vivemos uma época de economias mafiosas, de mercado financeiro ganancioso e de catástrofes ambientais em escala mundial. Se esses são os resultados da "razão objetiva", então deve haver alguma coisa de errado com ela.

Foucault: o jogo de poder

Michel Foulcault (1926-1984), outro pensador-chave do pós-modernismo, foi ainda mais longe. Segundo ele, poder e conhecimento são cúmplices um do outro. Sistemas de controle social foram sendo desenvolvidos em conjunto com as ciências, desde o Iluminismo no século XVIII. A própria filosofia foi cúmplice nesse "jogo de poder" da dominação alheia por meio da marginalização. Foucault pediu emprestado o conceito nietzschiano de "genealogia" para fazer suas próprias análises sócio-históricas.

A institucionalização do conhecimento é o instrumento de poder que considera e transforma em patologia o "maluco", o "criminoso" e o "sexualmente diferente".

Um mundo de hiper-realidade

Os pensadores pós-modernistas avaliam a pluralidade de pontos de vista e desafiam ininterruptamente todos os sistemas de legislação. O mundo que eles nos apresentam é, muitas vezes, um mundo fragmentado, uma "hiper-realidade" que mais parece um pesadelo – como teorizou **Jean Baudrillard** (1929-2007).

A própria filosofia se tornou uma sátira – de onde a profusão de pontos de vista, que chamam deliberadamente a atenção para o caráter escorregadio de seus próprios signos flutuantes. Nem sempre ela é uma leitura clara ou divertida! Mas como os pós-modernistas podiam escapar do paradoxo de sempre, que confronta todos os céticos? Como podem eles pretender que a razão é uma "construção" que não pode contar nem com uma forma mínima de razão?

E quanto à ciência?

Nenhum ramo do conhecimento escapou desse relativismo pós-modernista, corrosivo e radical. A ciência e a lógica também foram acusadas de ser "construções" – meras interpretações da experiência. Não existe nenhuma realidade universal e atemporal, assim como não existe nenhum conhecimento seguro sobre ela.

Os cientistas pós-modernos são bem mais evasivos quando perguntados sobre a "verdade" científica, porque eles são obrigados a admitir que o conhecimento científico sempre é provisório. Muitos chegam a confessar que já não acreditam em uma natureza regrada por "leis" fixas, descobertas pela objetiva ciência humana. A teoria da relatividade de Einstein, a mecânica quântica de Bohr, o princípio de incerteza de Heisenberg – todos têm o papel de **observadores** centrais do conhecimento científico. E se Kuhn estiver certo, os cientistas mais parecem crentes religiosos do que pesquisadores neutros, e a ciência deles é mediada por "paradigmas" centrais que raramente são questionados pela comunidade científica. Essa é a concepção relativista, mas existe outra...

A concepção realista

Mas nem todos os cientistas e filósofos se deixaram convencer pelo ceticismo pós-modernista. Muitos deles refutam por completo a noção de que o conhecimento científico produzido pelas ciências físicas "puras" não passa de "um discurso dentre outros", ou de uma "construção social" relativa a uma "visão de mundo" ocidental.

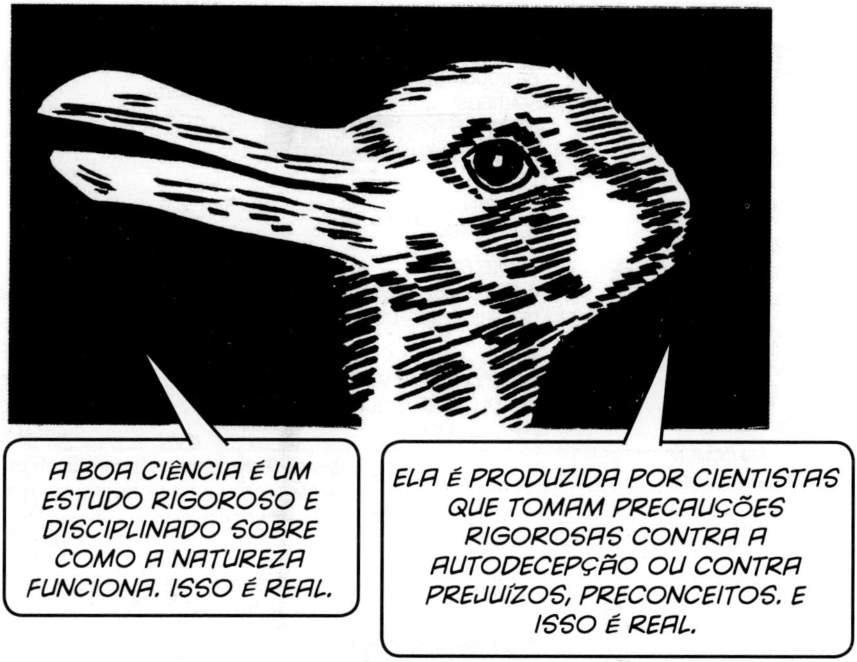

É verdade que os métodos experimentais é que forneceram material nos domínios da cosmologia, da genética e muitos outros. Quilômetros, segundos e o ato de fazer medições podem até ser "construções sociais", mas a velocidade da luz continua sendo de 299.792.458 km/segundo, e isso não depende de quem sabe disso, e também não vai mudar ou desaparecer!

Olhe para este espaço!

A filosofia ocidental num piscar de olhos

LÓGICA, LINGUAGEM, SIGNIFICADO E PENSAMENTO

PARMÊNIDES
A IMPORTÂNCIA DA RAZÃO

ARISTÓTELES
LÓGICA DEDUTIVA

ABELARDO
NOMINALISMO E UNIVERSAIS

HEGEL
A DIALÉTICA

FILOSOFIA ANALÍTICA

FREGE, RUSSELL
LÓGICA SIMBÓLICA E MATEMÁTICA
SIGNIFICADO E REFERÊNCIA
ATOMISMO LÓGICO

POSITIVISMO LÓGICO
O SIGNIFICADO DERIVA DA TESTABILIDADE

WITTGENSTEIN
O FEITIÇO DA LINGUAGEM
JOGOS DE PALAVRAS

AUSTIN
LINGUAGEM COMUM
ATOS DE LINGUAGEM

C. S. PIERCE
SEMIÓTICA

ESTRUTURALISTAS
LÉVI-STRAUSS

PÓS-ESTRUTURALISTAS
BARTHES

DESCONSTRUTIVISMO
DERRIDA
PERDA DA CONFIANÇA NA POSSIBILIDADE DE UMA LINGUAGEM OBJETIVA OU PERFEITAMENTE LÓGICA

RELATIVISMO

CETICISMO...

EPISTEMOLOGIA – O QUE PODEMOS SABER E COM QUAL GRAU DE CERTEZA?

CONHECIMENTO EMPÍRICO DO MUNDO "EXTERIOR"

PLATÃO
SIMULACROS, NÃO CONFIÁVEIS

ARISTÓTELES
OBSERVAÇÃO E INDUÇÃO

FRANCIS BACON
INDUÇÃO E CIÊNCIA

DESCARTES
OS POUCO CONFIÁVEIS SENTIDOS

EMPIRISMO BRITÂNICO

LOCKE
QUALIDADES PRIMÁRIAS E SECUNDÁRIAS

BERKELEY
INEXISTÊNCIA DO MUNDO "EXTERIOR" (IDEALISMO)

HUME
NOSSO "CONHECIMENTO" MAIS PSICOLÓGICO DO QUE LÓGICO

CONHECIMENTO "A *PRIORI*" DE CONCEITOS, PENSAMENTOS, MENTES

PLATÃO
MATEMÁTICA
AS FORMAS
INATISMO
CERTEZA

DESCARTES
A CERTEZA DA CONSCIÊNCIA PENSANTE

MATEMÁTICA E DEUS

KANT
IDEALISMO TRANSCENDENTAL: NOSSA EXPERIÊNCIA DO MUNDO É CONSTITUÍDA POR NOSSO APARATO CONCEITUAL INTEGRADO

HEGEL
O CONHECIMENTO HUMANO SEMPRE SERÁ DINÂMICO, HISTÓRICO

PRAGMATISMO NORTE-AMERICANO

PEIRCE, JAMES, DEWEY
O CONHECIMENTO PRECISA TER "VALOR DE MERCADO" [OU "VALOR DE COMPRA"]

FILOSOFIA DA CIÊNCIA

POPPER
FALSIFICACIONISMO

KUHN
PARADIGMAS

FEYERABEND
CONTRA O MÉTODO

PHENOMENOLOGY

BRENTANO, HUSSERL
PESQUISA SOBRE A CONSCIÊNCIA

HEIDEGGER, SARTRE
NÃO EXISTE NADA MAIS, PARA O SER HUMANO, DO QUE SER CONSCIENTE

... MAS ELE SEMPRE ESTEVE POR PERTO, DESDE OS GREGOS

METAFÍSICA, ESPAÇO E TEMPO, CAUSALIDADE, APARÊNCIA E REALIDADE, DEUS

FILÓSOFOS PRÉ-SOCRÁTICOS
DO QUE É FEITO O UNIVERSO?

ÁGUA? AR? FOGO? MATEMÁTICA? ÁTOMOS?

PLATÃO - AS FORMAS

ARISTÓTELES - CAUSA FINAL
PAIS DA IGREJA E ESCOLÁSTICA

A EXISTÊNCIA DE DEUS PODE SER PROVADA?

DESCARTES
DUALISMO – MENTE/MATÉRIA

SPINOZA
MONISMO – UMA SUBSTÂNCIA

LEIBNIZ
MONADOLOGIA – SUBSTÂNCIAS MONÁSTICAS

BERKELEY - IDEALISMO
KANT
MUNDO NOUMENAL E MUNDO FENOMENAL (OU MUNDO NOUMÊNICO E FENOMÊNICO)

HEGEL
IDEALISMO DIALÉTICO

REJEITADO POR FEUERBACH
MATERIALISMO RADICAL

MARX
MATERIALISMO DIALÉTICO

POSITIVISMO LÓGICO
A METAFÍSICA É UM "DISPARATE"

WITTGENSTEIN
"SOBRE [TUDO] AQUILO DE QUE NÃO PODEMOS FALAR, DEVEMOS NOS MANTER EM SILÊNCIO."

ÉTICA

SOFISTAS
RELATIVISMO
A TEORIA DOS CONTRATOS

SÓCRATES
VIRTUDE É CONHECIMENTO

PLATÃO
OS ESPECIALISTAS DO "BEM" E DA ÉTICA

ARISTÓTELES
EPICURISTAS E ESTOICOS
A ÉTICA DE UMA COMPETÊNCIA PRÁTICA

TEOLOGIA CRISTÃ
COMANDO DIVINO

HUME
"ABISMO" SER/NÃO SER: NÃO PODEM EXISTIR "FATOS" MORAIS

KANT
DEONTOLOGIA: OS DEVERES DERIVAM DA RAZÃO

UTILITARISTAS
FELICIDADE COLETIVA

SARTRE
ESCOLHAS INDIVIDUAIS E RESPONSABILIDADE

POLÍTICA, NATUREZA HUMANA, AUTORIDADE E DIREITOS

PLATÃO
GOVERNO DOS MELHORES, OU DITADURA ESCLARECIDA

ARISTÓTELES
DEMOCRACIA E ESCRAVIDÃO

MAQUIAVEL
DIRIGENTES IMPIEDOSOS

HOBBES
CONTRATO SOCIAL

ROUSSEAU
VONTADE GERAL

HEGEL
O ESTADO PRUSSIANO

MARX
LUTA DIALÉTICA, OU LUTA DE CLASSES

GRAMSCI, MARCUSE, FOUCAULT
PODER ESTATAL IDEOLÓGICO

PÓS-MODERNISMO

LINGUAGEM
UM SISTEMA DE SINAIS AUTÔNOMO E ARBITRÁRIO, CUJA RELAÇÃO COM "A VERDADE" É DUVIDOSA

LYOYARD
HOSTILIDADE CONTRA A IDOLATRIA ILUMINISTA DA "RAZÃO"

DERRIDA
DESCONSTRUTIVISMO

LACAN
A FICÇÃO DO EU

FOUCAULT
CONHECIMENTO E PODER

MAS - TALVEZ EXISTAM ALGUMAS VERDADES OBJETIVAS QUE NÃO SEJAM SIMPLES "CONSTRUÇÕES SOCIAIS"

PIRRO, DIÓGENES, SEXTO EMPÍRICO

DESCARTES
A DÚVIDA CARTESIANA

HUME
SOBRE A INDUÇÃO, CAUSA, CONHECIMENTO ÉTICO, O EU

NIETZSCHE
A LINGUAGEM É METAFÓRICA, A "VERDADE" É INATINGÍVEL

WITTGENSTEIN
A FILOSOFIA É UM MERO JOGO DE PALAVRAS

Sugestões de leituras complementares

Neste livro, fizemos uma flagrante omissão de filósofas, de pensadoras mulheres. Até muito recentemente, as mulheres eram deliberadamente excluídas do privilegiado domínio de professores de filosofia – todo composto de integrantes do sexo masculino. Mas, atualmente, existem tantas e tão boas pensadoras que fica difícil encontrar um lugar para elas em livrinho tão pequeno. Os ícones do vindouro pós-feminismo seguramente remediarão esse problema, mas os leitores de agora podem (e devem) consultar algumas figuras-chave: Simone de Beauvoir, Hanna Arendt, Julia Kristeva, e também outros nomes importantes como Mary Wollstonecraft, Mary Warnock, Mary Migley, Iris Murdoch, Phillipa Foot, Elizabeth Anscombe, dentre outras.

Segue-se uma lista de obras que devem ajudar na compreensão dos temas discutidos, começando com alguns livros de introdução à história da filosofia ocidental.

História da filosofia ocidental, Bertrand Russell – Divertido e de fácil compreensão, mas idiossincrático e hoje um tanto ultrapassado.
A short history of philosophy, Robert C. Solomon & Kathleen M. Higgins, Oxford University Press, Oxford e Nova York, 1996. Completo e agradável de ler, ele inclui pensadores não ocidentais, mas é hostil à maioria dos pós-modernistas.
From Descartes to Wittgenstein, Roger Scruton, Routledge, Londres e Nova York, 1981. Em mais de uma passagem bastante difícil, mas miraculosamente consegue tornar a compreensão de Hegel e Frege acessível.
A history of western philosophy, D. W. Hamlyn, Penguin, Londres e Nova York, 1988. Completo e sensível, mas algumas vezes requer muito do leitor. É um guia de ideias e argumentos dos principais pensadores ocidentais.
O mundo de Sofia, Jostein Gaarder, é uma história da filosofia que pensa que é uma novela. Melhor como história do que como novela.

Em geral, os livros da Modern Masters, da Oxford University Press, são muito bons para conhecer a vida e as ideias principais dos filósofos. O de autoria de Peter Singer, sobre Hegel, é excelente. São leituras de manuais de introdução ao pensamento dos filósofos clássicos e contemporâneos, apresentados de modo claro, resumido e acessível. Este livro faz parte dessa série.

Existem anda muitos outros manuais de filosofia que podem ser úteis, como por exemplo estes:
Philosophy made simple, R. H. Popkin & A. Stroll, Londres, Heinemann, 1986 | **Made simple paperbacks**, Nova York, 1993.
Introducing to philosophy, W. J. Earle, McGraw Hill, Nova York, 1992.
Philosophy of Sophia, Brenda Almond, Penguin, Londres e Nova York, 1992.
Man is the measure, Reuben Abel, The Free Press (Macmillan), Londres e Nova York, 1990.
Confessions of a philosopher: a journey through western philosophy, Bryan Magee, Random House, Londres e Nova York, 1998.

A maioria dos alunos de filosofia já recorreu, em alguma ocasião, a **An introduction to philosophical analysis,** John Hospers, Routledge, Londres e Nova York, 1990, um livro que é mais divertido do que o título sugere.
An introduction to western philosophy, Anthony Flew, Thames and Hudson, Londres 1971. Esse é um excelente livro, pois Flew leva o leitor a pensar por si mesmo e, dessa forma, a entender inúmeras ideias fundamentais. À venda pela internet, no site da Amazon.
The great philosophers, Brian Magee, Oxford University Press, Oxford e Nova York, 1988, é um livro acessível porque foi escrito na forma de uma série de diálogos entre Magee e alguns filósofos contemporâneos sobre os pensadores mais importantes do passado. Magee faz seus entrevistados explicarem as coisas com clareza, na maior parte das vezes.
Issues in philosophy, Calvin Pinchin, Macmillan, Londres | Barnes & Noble, Nova York, 1990, é um bom livro para quem for louco o bastante para achar que precisa estudar o suficiente para tirar um A em filosofia.
The concise encyclopedia of western philosophy and philosophers, ed. J. O. Urmson & Jonathan Rée, Unwin Hyman, Londres, 1976, é recheado de artigos curtos e lúcidos sobre a maior parte dos filósofos ocidentais e suas ideias.
The Oxford companion to philosophy, ed. Ted Honderich, Oxford University Press, Londres e Nova York, 1995, é completo e inestimável, quando você quer saber mais sobre o paradoxo de Aquiles e a tartaruga e sobre o homem que inventou o paradoxo, Zenão. Ele também mostra como são alguns pensadores contemporâneos.

Agradecimentos

O autor deve muito ao seu incisivo e aprumado editor, Richard Appignanesi, a pessoa mais ocupada do mundo, e a Duncan Heath, o paciente e impecável redator deste livro. O autor descobriu ainda que sem a inteligência, a competência e a argúcia de Judy Groves este livro provavelmente teria sido muito cansativo. Esse mesmo autor também agrade pela paciência e compreensão de Judith Robinson, que está convencida de que ele deveria sair mais vezes do estúdio.

Mais agradecimentos, desta vez a Howard Peters, Howard Selina, David King e Bill Mayblin, por sua ajuda com a pesquisa iconográfica e intervenções técnicas. Um obrigado especial a Oscar Zarate, por sua generosa ajuda, e a Arabella Anderson, que concordou em ser fotografada.

Dave Robinson foi professor de filosofia por muitos anos. Recentemente escreveu e ilustrou Leading questions, um livro sobre a teoria literária contemporânea. Ele também é o autor de Introducing ethics e de Descartes.

Judy Groves é artista, ilustradora e designer. Ela também ilustrou outros livros de introdução desta série: Jesus, Wittgensteisn, Lacan, Chomsky e Lévi-Strauss.

Índice